LES

[BIE]NFAISANCES ROYALES,

ou

[E]XEMPLES D'HUMANITÉ,

DE CLÉMENCE,

[de GÉN]ÉROSITÉ, DE GRANDEUR D'AME,

[SO]INS POUR LE PEUPLE ET POUR LA PATRIE,

DONNÉS

[PAR L]ES SOUVERAINS DE TOUS LES SIÈCLES,

ET DE TOUS LES PAYS;

[avec des] réflexions de MARC-AURÈLE, STANISLAS, JULIEN [et autr]es, sur la Royauté, les Grands, la Société, les Lois, la [...] la Politique, l'Histoire, l'Éducation, la Religion, l'Amitié, la [Scie]nce, les Emplois, les Sciences et les Arts, etc.

[Ouv]rage propre à élever l'âme des jeunes gens, et à leur inspirer des vertus.

PUBLIÉ PAR M. CÉSAR GARDETON.

Orné du Portrait de HENRI IV, Roi de France, et de quatre gravures.

Heureux le peuple qui est conduit par un bon roi!
FÉNÉLON, *Av. de Télém.*

PARIS.

THIÉRIOT ET BELIN, LIBRAIRES,

QUAI DES AUGUSTINS, n° 11.

P

LES
BIENFAISANCES ROYALES,

ou

EXEMPLES D'HUMANITÉ.

IMPRIMERIE DE J. GRATIOT, RUE DU FOIN SAINT-
JACQUES, MAISON DE LA REINE-BLANCHE.

HENRY IV.

Roi de France et de Navarre.

Ceux à qui la lumière était presque ravie,
par ses ordres humains sont rendus à la vie,
et sur tous leurs dangers, et sur tous leurs besoins,
tel qu'un père attentif, il étendait ses soins.

Volt. Henr. Ch. VIII.

LES BIENFAISANCES ROYALES,

OU

EXEMPLES D'HUMANITÉ,

DE CLÉMENCE,

DE GÉNÉROSITÉ, DE GRANDEUR D'AME,

D'AMOUR POUR LE PEUPLE ET POUR LA PATRIE,

DONNÉS

PAR DES SOUVERAINS DE TOUS LES SIÈCLES,

ET DE TOUS LES PAYS;

Entremêlés des réflexions de MARC-AURÈLE, STANISLAS, JULIEN et FRÉDÉRIC, sur la Royauté, les Grands, la Société, les Lois, la Guerre, la Politique, l'Histoire, l'Éducation, la Religion, l'Amitié, la Conscience, les Emplois, les Sciences et les Arts, etc.

Ouvrage propre à élever l'ame des jeunes gens,
et à leur inspirer des vertus.

PUBLIÉ PAR M. CÉSAR GARDETON.

Orné du Portrait de HENRI IV, Roi de France,
et de quatre gravures.

Heureux le peuple qui est conduit par un bon roi!
FÉNÉLON, Av. de Télém.

PARIS.

THIÉRIOT ET BELIN, LIBRAIRES,
QUAI DES AUGUSTINS, n° 11.
1825.

PRÉFACE.

———

On a consacré, dans les Fastes de l'Histoire, les triomphes des conquérants, les Révolutions des Empires, et les noms des hommes illustres ; on s'est principalement empressé de transmettre à la postérité les monuments brillants, mais affreux, de l'ambition et de la perversité humaine. Les annales du monde ne semblent être en effet que le tableau de ses malheurs et de ses crimes. A voir les peintures imposantes que l'on nous a tracées du bouleversement du globe et de la cruauté de ses tyrans, il semblerait que la majesté de l'histoire ne peut se soutenir qu'en se promenant sur les ruines des nations. Les éloges pompeux qu'on prodigue aux Cyrus, aux Alexandre, aux César, les font admirer lors même qu'ils se baignent dans le sang de leurs proches, de leurs amis et de leurs concitoyens ; on dirait que la véritable grandeur consiste à détruire.

Le commun des lecteurs est séduit par l'éclat de ces actions meurtrières ; n'est-il pas à craindre que la jeunesse, à qui l'on présente ces récits comme une école d'héroïsme, ne s'accoutume à se méprendre sur les véritables vertus, et à donner la préférence à celles que les hommes louent le plus, et qui coûtent si cher à l'humanité ? Quelles leçons

de violence, d'injustice, et de barbarie, ne peut-elle pas y puiser? S'ils
produisent cet effet, c'est aux historiens qu'il faut s'en prendre : ils
abandonnent le véritable but qu'ils
doivent se proposer; ils n'en ont
point eu d'autre que celui de se faire
admirer; ils ont préféré en conséquence les tableaux terribles, les
descriptions de combats, celles de
tous les fléaux de l'humanité qui
leur prêtaient les moyens de donner
l'essor à leur imagination, et de dé-
ployer les richesses de l'éloquence
qu'il leur est défendu de prodiguer
dans les autres récits. Ils n'ont point
consulté de lecteurs philosophes :
ceux-ci leur auraient exprimé le plaisir qu'ils éprouvent, quand, au sortir
d'un champ jonché de morts, ou

d'une ville en proie aux flammes, ils rencontrent un de ces hommes bienfaisants qui ne sont nés que pour le bonheur des autres. Leur situation est comparable à celle d'un voyageur qui, sorti des sables brûlants de l'Afrique, échappé aux poursuites des monstres qui les habitent, se trouve enfin dans une plaine fertile, et repose son corps fatigué à l'ombre des premiers arbres qu'il a trouvés.

Parmi tant de savants qui se sont occupés à tracer les annales du monde, aucun n'a songé à nous donner une histoire des hommes bienfaisants. On a retourné l'histoire, on l'a rhabillée, pour ainsi dire, de mille manières différentes, et personne ne l'a encore envisagée sous le but le plus utile qu'elle pouvait avoir. Quel trésor pour la jeunesse, si l'on rassemblait une suite d'actions généreuses et bienfaisantes? Ce tableau, fait pour donner à l'homme une haute idée de soi-même, lui inspirerait le desir d'occuper au temple de mémoire la place qu'y auraient méritée les excellents modèles qu'on lui mettrait sous les yeux; la jeunesse y trouverait des traits capables d'élever son ame à la gloire de servir ses semblables; un pareil ouvrage serait un présent à faire à la société. Pénétré de cette idée, et rempli du desir d'être utile, j'essaie de la réaliser. J'ai recueilli tous les exemples frappants de générosité, de grandeur d'ame, et de toutes les vertus qui sont éparses dans l'histoire ancienne et moderne; je les offre à la jeunesse, sous le titre *de Bienfaisances royales*; et j'espère que ses instituteurs me sauront quelque gré de ce travail: ils pourront le mettre avec fruit entre les mains de leurs élèves, qui y apprendront à connaître les noms chers à l'humanité, à les préférer aux noms des héros qui l'ont affligée, et à apprécier ces derniers; ils y puiseront en même temps une idée générale de l'histoire des peuples qui ont fait le plus de bruit sur la terre, et de celle des nations qui existent actuellement. Ces notions préliminaires leur faciliteront une étude plus étendue, et ils seront encore prémunis contre les préjugés que donnent la plupart des historiens, et contre les faux jugemens qui ne contribuent que trop à éblouir.

Tous les âges de la vie pourront tirer quelque utilité de cet ouvrage; en est-il aucun où l'on ne reconnaisse les droits puissants de l'humanité, où l'on n'ait besoin de ses leçons? Cette lecture rappellera à plusieurs quelques traits qu'ils savent déjà, et d'autres qu'ils ignorent peut-être encore, ou parce qu'ils leur sont échappés dans la foule de ceux qui remplissent l'histoire, ou parce qu'ils n'ont pas été à portée de consulter quelques sources dans lesquelles on a puisé. Le plus grand nombre, qui n'a eu ni le temps ni la facilité de s'occuper de l'histoire des hommes, sera bien-aise de retrouver ici tout ce que leurs actions offrent d'intéressant pour l'humanité. Ce recueil est assez étendu pour fournir des réponses à ces esprits misanthropes qui ne croient point à la vertu; qui, en vantant sans cesse la leur, se récrient contre la méchanceté des hommes, et calomnient la nature humaine. On verra que tous les siècles, tous les pays, ont été distingués par des vertus; que, si elles paraissent moins nombreuses et moins fréquentes que les crimes, c'est que ceux-ci font plus de bruit, et que les autres se pratiquent en silence. On connaît la plupart des fléaux du genre humain; presque tous ses bienfaiteurs sont ignorés : leur modestie a imposé silence à la reconnaissance; la haine et l'hor-

reur ont éternisé les noms des scélérats.

Nous ne nous étendrons pas davantage sur ce recueil; ce que nous
en avons dit, son but particulier,
suffisent pour le faire distinguer de
la foule des compilations ordinaires
qui ont plus pour objet l'agrément
que l'instruction, et qui rarement
tendent à éclairer les hommes et à
les rendre meilleurs. Ici, l'histoire
a fourni les faits; mais on a souvent fermé le livre, lorsqu'on a voulu les détailler; on s'est attaché à
être simple; on s'est défendu d'exa-
gérer : on a cherché à faire un ouvrage à la fois historique et philosophique; mais la philosophie ne sert
qu'à relever les beaux traits de bienfaisance et de générosité, et qu'à expli-

quer pourquoi ils ont été moins communs dans certaines époques que dans d'autres. On a fait marcher de front l'histoire de la bienfaisance et l'oubli de cette vertu; on a essayé d'offrir en même temps au lecteur le spectacle le plus touchant pour l'humanité, et le moyen de le fixer parmi nous; car c'est assurer aux hommes la possession d'un bien que de leur en faire connaître le prix, et la manière dont les siècles passés l'ont perdu.

BEAUX

EXEMPLES D'HUMANITÉ,

DE CLÉMENCE,

DE GÉNÉROSITÉ, DE GRANDEUR D'AME,

D'AMOUR POUR LE PEUPLE ET POUR LA PATRIE,

DONNÉS

PAR DES SOUVERAINS DE TOUS LES SIÈCLES ET DE TOUS LES PAYS.

~~~~~~

AGÉSILAS,

Mort vers l'an 554 avant J. C., âgé de 84 ans.

Agésilas, éloigné de la couronne par sa naissance, avait été élevé dans la discipline lacédémonienne, dont il n'y avait que les fils aînés des rois qui fussent exempts, et qui sont ceux qui ont le plus de besoin de savoir obéir pour mieux commander. Agésilas apprit dans cette manière de vivre, pleine d'exercices laborieux, et qui forme les grands hommes et les bons princes, à être compatissant en-
~~~~~~

vers les malheureux, à modérer ses passions, à respecter les lois. Jamais roi de Sparte, dit Xénophon, ne fut plus puissant qu'Agésilas, et ne se plut tant à suivre les conseils des magistrats. Un amour infatigable pour le travail, un courage intrépide, une grande ardeur pour la gloire, l'ont mis au rang des hommes illustres de la Grèce.

Un plaideur demandant à ce prince des lettres de recommandation pour un juge qui était de ses amis, *Mes amis,* répondit-il, *n'ont pas besoin de recommandation pour rendre la justice.*

Un monument de la soumission d'Agésilas aux lois de sa patrie, est la lettre qu'il écrivit aux éphores de Lacédémone. La guerre s'était allumée en Grèce; lorsqu'il était occupé à ses expéditions d'Asie, on lui mande de revenir. Il répond aussitôt: *AGÉSILAS aux Éphores, salut. Nous avons soumis une grande partie de l'Asie, mis en fuite les barbares, et fait dans l'Ionie de grands préparatifs de guerre. Mais puisque vous m'ordonnez de retourner, je suis de près ma lettre qui vous avertit de mon départ ; et je la préviendrais, s'il était possible. J'ai reçu le commandement, non pour moi, mais pour ma ville et pour les alliés. Je sais qu'un commandant ne mérite et ne remplit véritablement ce nom que lorsqu'il se laisse conduire par les lois.*

Tous les raffinements de luxe et de mollesse qui sont en honneur parmi nous, passaient chez les Lacédémoniens pour des indices d'esclavage. Les Thasiens envoyèrent à Agésilas un présent de blé, de viandes exquises, de vins délicieux et de sucreries. Il ne prit que le blé. Les Thasiens insistèrent pour qu'il acceptât le reste. *Eh bien !* dit-il, *partagez-le entre mes Ilotes. Ces nourritures délicates leur conviennent mieux qu'à des hommes libres.*

Agésilas, en mourant, défendit à ses amis de lui élever des statues. *Si j'ai fait,* dit-il, *quelque action digne de mémoire, elles seraient superflues ; si*

je n'en ai point fait, elles seraient in-
suffisantes.

~~~~~~

AGIS ET CLÉOMÈNES,

Rois de Sparte, morts, le premier vers l'an 241,
et le second vers l'an 220 avant notre ère.

SPARTE n'avait plus rien de l'ancienne
sévérité de ses mœurs ; les richesses et les
voluptés qui les accompagnent s'étaient
glissées dans son sein, et avaient corrompu
les habitants au point qu'ils ne ressem-
blaient presque en rien à leurs ancêtres :
leur gloire avait passé avec leur austérité.
Un jeune homme, Agis, l'un des deux
rois, voulut faire revivre les lois de Lycurgue, et avec elles les vertus qui avaient
distingué Sparte. Personne plus que lui
cependant n'aurait pu suivre plus facilement le torrent : sa mère et son aïeule,
amies des plaisirs et de la magnificence,
l'y engageaient, et possédaient assez de ri-
~~~~~~

chesses pour satisfaire aux desirs qu'il aurait pu former. Ce vertueux jeune homme, qui ne voyait dans cette conduite que la faiblesse et la honte de sa patrié, se raidissait au contraire avec force contre tous les attraits du luxe, marchait vêtu simplement, et disait qu'il n'aurait pas voulu être roi, s'il n'eût eu l'espoir de remettre en vigueur les ordonnances de Lycurgue. Quand il en vint à proposer les réformes qu'il méditait, les jeunes gens, contre son attente, se déclarèrent en sa faveur; mais les personnes âgées, vieillies dans la corruption, craignaient, dit Plutarque, de retourner aux lois de Lycurgue, autant qu'un esclave fugitif craint de retourner auprès de son maître. Ceux qui l'approuvèrent plus fortement furent *Lysandre*, *Androclide* et *Agésilas*, des principales maisons de Sparte; le dernier était oncle maternel d'Agis. Chacun d'eux cependant avait des vues différentes : les deux premiers étaient de bonne foi; mais Agésilas, qui avait de très grandes possessions, n'avait nullement envie qu'on en vînt à refaire le partage des terres institué par Lycurgue ; le fardeau de ses dettes, dont il ne pouvait se décharger, l'incitait seulement à conduire les choses au point que l'abolition des dettes seules eût lieu : aussi mit-il plus d'activité que personne à faire réussir le projet d'Agis. Il se chargea de gagner sa sœur, et un grand nombre de dames lacédémoniennes qui ne voulaient rien entendre à ce sujet ; il se fit même nommer éphore, pour avoir plus d'autorité, et le droit de parler au nom du peuple, qui, réduit à la misère, ne demandait pas mieux que de gagner quelque chose aux dépens de ceux qui s'étaient enrichis. *Léonidas*, l'autre roi de Sparte, qui était fort riche, et qui avait pris le goût de la magnificence en Asie, fut celui qui apporta les plus grands obstacles à la réforme, et il eut tous les riches et les usuriers pour lui. Mais Agésilas, qui avait des ressources, fit voir que Léonidas, ayant vécu et pris femme en pays étranger, était, par les lois, non seulement exclu de la royauté, mais encore du droit de citoyen ; il le fit donc déposer et chasser : son intention était même de le faire assassiner ;

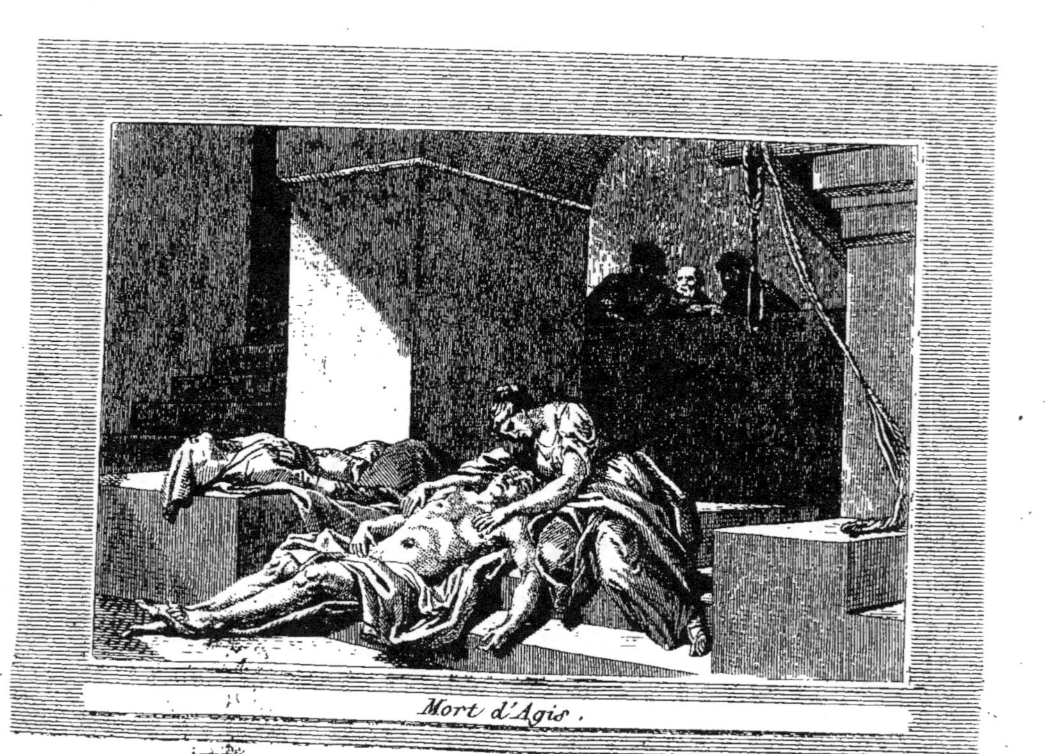

Mort d'Agis.

mais Agis, qui ne desirait que le bien commun, l'ayant appris, donna une escorte à ce roi détrôné, qui se retira sain et sauf.

Les obstacles levés, Agis déclara qu'il abandonnait ses possessions qui étaient considérables, et six cents talents qu'il avait en argent. Une générosité semblable lui valut les louanges qu'il méritait, et l'abolition des dettes et le partage des terres allaient enfin avoir lieu sans difficulté ; mais le perfide Agésilas, menant toujours les choses à son point, fit en sorte que l'abolition des dettes fût consommée avant tout. Les contrats et obligations ayant donc été apportés sur la place, on les amoncela et on les réduisit en cendres. *Quel feu de joie !* s'écria-t-il ; *c'est le plus beau que j'aie vu de ma vie.* Il y gagnait effectivement assez pour s'en réjouir ; mais, ce premier pas fait, il trouva nombre de moyens pour éloigner le partage des terres ; et Agis ayant été obligé de quitter la ville, à cause de la guerre qui l'appelait ailleurs, tout fut changé en son absence. Léonidas fut rétabli sur le

trône, et quand Agis revint avec son
armée, il fut déclaré criminel, et n'eut
que le temps de se jeter en franchise dans
un temple. Le respect que les peuples
avaient alors pour leurs dieux ne leur
permettait pas de souiller par aucune violence les enceintes où on les adorait. Agis
vécut ainsi quelque temps, mais il ne se
tint pas assez sur ses gardes; il fut surpris
un jour hors du temple, et les éphores,
qui étaient du parti de Léonidas, lui firent
à la hâte une espèce de jugement par lequel il était condamné à être étranglé,
pour avoir voulu introduire des nouveautés dans l'état. Comme ils craignaient que
le peuple, instruit de ce qui se passait, ne
vînt à remuer, ils firent suivre aussitôt
l'exécution. Agis, prêt à subir son sort,
remarquant un sergent qui pleurait, lui
dit : *Tranquillise - toi, mon ami ; je
meurs, mais plus homme de bien que
ceux qui m'ont condamné.* Sa mère, qui
était accourue à la première nouvelle de
son arrestation, fut exécutée après lui.
O mon fils ! dit-elle en voyant son corps
déjà privé de la vie, *ce sont ta clémence*

et ta bonté qui sont cause de ta mort et de la nôtre. Son aïeule fut aussi enveloppée dans son malheur, et périt à côté de ses enfants. C'est un des nombreux exemples offerts par l'histoire, que le bien que l'on veut faire aux peuples coûte souvent plus cher à ceux qui font ces louables tentatives, que le mal ne coûte aux méchants qui en profitent.

Léonidas, resté seul roi de Lacédémone, maria son fils Cléomènes, quoique beaucoup trop jeune encore, avec la veuve d'Agis, qui était une des plus belles femmes de Sparte; en grandissant, Cléomènes prit pour son épouse l'amour le plus tendre, et se plut à lui entendre raconter les efforts qu'avait faits inutilement Agis; insensiblement il se sentit échauffé lui-même des desirs qu'Agis avait formés; mais comme il n'y avait point de sûreté pour lui à divulguer ses sentiments à ce sujet, il les renferma en lui jusqu'au moment où son père lui laissa le trône par sa mort. Il usa alors des moyens qui lui parurent les plus propres à le faire parvenir à son but. Comme la puissance des éphores l'em-

portait alors sur celle des rois, il crut
devoir commencer ses réformes par la destruction de cette autorité. L'exemple d'A-
gis lui fit sentir qu'il avait besoin d'user
de prudence; il chercha donc à occuper
les Lacédémoniens par quelque guerre qui
ne leur permît point de trop songer aux
affaires civiles. L'occasion d'un démêlé
avec les Achéens se présenta bien à propos; ses victoires, en lui donnant plus de
considération, lui facilitèrent l'exécution de ses desseins. Rentré dans Sparte,
il fit surprendre et tuer tous les éphores,
qui seuls pouvaient lui opposer de puissants obstacles. Cette espèce d'assassinat
lui faisait beaucoup de peine, mais il se
trouvait forcé de le commettre. Il bannit
aussi de la ville quatre-vingt citoyens; ensuite il fit partager d'abord ses biens, ceux
de ses parents, et ensuite ceux de tous les
plus riches propriétaires. Il chassa le luxe
et les voluptés de la ville, et fit revivre
une partie des lois de Lycurgue : il donna
lui-même l'exemple de la simplicité, comme avait fait Agis; mais, d'un caractère
plus ferme et plus opiniâtre, il se servit

de la contrainte là où la douceur ne pouvait rien. Cependant, pour ne point alarmer les Lacédémoniens sur son intention secrète, il partagea la royauté, suivant l'usage de Sparte, et choisit pour collègue son frère *Euclides*.

Les Achéens, qui croyaient ce remuement favorable à leur vengeance, se mirent en campagne ; mais Cléomènes les rencontra bientôt, et les battit : il les eût même amenés à une paix avantageuse, et qui rendait à Sparte sa prééminence sur la Grèce, si *Aratus*, leur général, désespéré de voir l'élévation rapide de Cléomènes, n'eût appelé au secours de sa patrie, *Antigone*, roi de Macédoine. D'abord les Lacédémoniens eurent de grands avantages ; mais, dans une dernière bataille, que Cléomènes fut contraint de donner trop tôt, faute d'argent, ils furent entièrement défaits, et *Antigone* s'empara de la ville de Sparte.

Dans sa détresse, Cléomènes fut chercher une retraite en Égypte. *Ptolémée Evergète*, qui régnait alors, l'accueillit très bien, et lui promit de l'argent et des troupes pour le rétablir sur le trône ; mais malheureusement il ne vécut pas assez pour effectuer ses promesses. Cléomènes trouva dans le successeur de ce prince des dispositions toutes contraires ; loin de pouvoir seulement obtenir son départ, il fut entièrement privé de la liberté ; on le resserra, lui et ses amis, dans une maison que l'on entoura de gardes. Cléomènes était fait pour les actions extraordinaires ; quand il vit qu'il ne lui restait plus d'espoir, il persuada à ses amis de s'échapper avec leurs armes de leur prison, et de faire soulever la ville d'Alexandrie, où ils se trouvaient : le roi d'Égypte en était pour lors éloigné. Ses amis, aussi courageux que lui, entrèrent dans ses vues ; ils cherchèrent donc à endormir la surveillance de leurs gardes, ils trouvèrent même le moyen de les enivrer, et sortirent de leur prison l'épée à la main, et au nombre seulement de treize. A peine furent-ils dans les rues, qu'ils crièrent de toutes leurs forces : *Liberté ! liberté !* Mais les habitants, loin de répondre à cette témérité généreuse, en furent si étonnés, qu'ils s'enfuirent dans leurs maisons, et laissèrent leurville, en quelque sorte, en la puissance d'un aussi petit nombre d'hommes, qu'ils n'osaient ni imiter ni arrêter. Cléomènes, voyant tout le monde sourd à leur voix, dit à ses amis : *Est-il étonnant que ce peuple obéisse à des femmes ? Il est si lâche, qu'il fuit au seul mot de liberté !* Il invita ensuite tous ses amis à chercher une mort digne de vrais Spartiates et d'hommes libres, sans attendre celle que leurs ennemis leur donneraient comme à des criminels. Au même instant, après s'être embrassés, ils s'entre-tuèrent, se portant des coups mutuels, comme les derniers services qu'ils pussent se rendre. Ainsi Cléomènes, aussi bien intentionné qu'Agis, mais plus grand guerrier, éprouva une fin également malheureuse, et n'eut pas plus que lui la consolation de mourir avec la pensée d'avoir établi l'édifice pour lequel ils s'étaient sacrifiés.

ALEXANDRE,

Roi de Macédoine.

Abdolonyme, ou Addalonyme, prince Sédonien, quoique issu du sang royal, était si pauvre, qn'il était contraint, pour vivre, de travailler dans un des jardins du faubourg de Sidon. Alexandre le Grand, ayant chassé de cette ville Straton, partisan de Darius, roi de Perse, éleva Abdolonyme sur le trône. Quelques anciens blâmaient ce choix. Alexandre fit venir le nouveau roi en sa présence, et, ayant admiré sa bonne mine, il lui demanda avec quel esprit il avait supporté la misère. A quoi Abdolonyme répondit : *Je prie le ciel que je puisse supporter de la même façon la grandeur. Au reste, mes bras ont fourni à tous mes desirs, et je n'ai jamais manqué de rien, tant que je n'ai rien possédé.* Cette réponse fit concevoir à Alexandre une si grande estime pour ce prince, qu'outre les

états et les meubles précieux de Straton,
il lui donna une partie du butin qu'il avait
fait sur les Perses , et ajouta même une
des contrées voisines à ses états.

Hydriée, roi de Carie , succéda a la célèbre Artémise sa sœur, et il régna pendant
sept ans avec Cida son autre sœur, qu'il avait
épousée suivant la coutume des Cariens.
Il mourut , et laissa la couronne à son
épouse, qui la garda pendant quatre ans,
au bout desquels Pixadore , son jeune
frère, la lui enleva. Cet usurpateur, pour
s'affermir sur le trône, s'allia avec Oron-
daobate, satrape de Perse, et lui donna
en mariage sa fille Ada ; mais, sept ans
après , lorsque Alexandre le Grand , qui
faisait la guerre à Darius, fut entré dans
la Carie avec son armée, la reine Cida im-
plora son secours contre le satrape Oron-
daobate, qui s'était emparé de la souveraineté après la mort de Pixadore son
beau-père. Alexandre accorda sa protection à cette reine, qui l'adopta pour son
fils; lui remit la ville d'Alinde , et chassa
le satrape de celle d'Halicarnasse. Après

avoir soumis toute la Carie, il en laissa la possession et le gouvernement à la reine Cida, avec un secours de deux cents hommes de cavalerie et de trois cents d'infanterie.

Carchasis, roi des Scythes, conduisit une armée contre Alexandre le Grand, et marcha pour assiéger Alexandrie, et Sogdiam, sur le fleuve Oxus, que ce conquérant venait de faire bâtir l'an 331 avant Jésus-Christ. Mais il fut battu, et toutes ses troupes taillées en pièces. Depuis, touché de la générosité de son vainqueur, qui pardonnait facilement à ceux qui se soumettaient à lui, il lui envoya des ambassadeurs pour se remettre à sa discrétion, et lui offrit sa fille en mariage. Alexandre oublia le passé, et lui laissa l'autorité souveraine et ses états.

La mère, l'épouse et toute la famille de Darius ayant été prises par les troupes d'Alexandre, le vainqueur les fit avertir qu'il allait les visiter; et, ayant fait retirer sa suite, il entra dans la tente des princesses avec Éphestion, son ami et son

Alexandre, fait des présents à Sigigambis.

favori. Ils étaient du même âge, et Éphestion avait sur le roi l'avantage de la taille ; de sorte que les reines le prirent pour le monarque, et lui rendirent les respects dus à cette dignité. Quelques eunuques leur font enfin connaître Alexandre. Sisigambis se jette à ses pieds, et lui demande pardon, s'excusant sur ce qu'elle ne l'avait jamais vu. Le roi la releva, et lui dit : « Non, ma mère, vous ne vous « êtes point trompée, car celui-ci est aussi « Alexandre. »

Alexandre lui avait envoyé des étoffes magnifiques qu'il avait reçues de Macédoine, avec les ouvriers qui les avaient travaillées, en lui proposant de faire instruire ses filles à ce genre d'ouvrage. A ces mots, Sisigambis se croit outragée ; les larmes coulent de ses yeux. Alexandre vient pour la consoler : Ma mère, dit-il, cet habit est un ouvrage de mes sœurs ; un pays où les femmes rougissent d'un travail intéressant et vertueux, où les hommes déshonorent leurs épées par l'or et les pierreries, n'attend plus qu'un maître. Jeune enfant, dit-il au fils de Darius, tu n'entends pas encore la leçon, et déjà tu ne peux plus en profiter ; un jour peut-être tu pleureras la perte de ta couronne : ton vrai malheur est ta naissance.

Alexandre, passant par Corinthe, eut la curiosité de voir Diogène qui y était alors. Il le trouva assis dans le Cranée, où il raccommodait son tonneau. *Je suis le grand roi Alexandre*, lui dit-il. — *Et moi, je suis le chien de Diogène.* — *Ne me crains-tu point ? — Es-tu bon ou mauvais ? — Je suis bon. — Hé ! qui est-ce qui craint ce qui est bon ?*

Le roi admira la subtilité d'esprit et les manières libres du philosophe ; et, après s'être entretenu quelque temps avec lui, *Je vois bien*, continua-t-il, *que tu manques de beaucoup de choses, Diogène. Je serai bien aise de te secourir ; demandes-moi ce que tu voudras. — Ote-toi un peu de mon soleil, et ne me prive point de ce que tu ne peux me donner.*

Alexandre fut fort surpris de voir un homme au-dessus de toutes les choses humaines. *Lequel est le plus riche,* ajouta

Alexandre au tombeau d'Achille.

Diogène, *de celui qui est content de son manteau et de sa besace, ou de celui à qui un royaume entier ne suffit pas, et qui s'expose tous les jours à mille dangers, afin d'en reculer les limites?*

Les courtisans d'Alexandre étaient indignés qu'un tel roi fît tant d'honneur à ce Cinique qui ne se levait pas même de sa place. Alexandre s'en aperçut, se retourna, et leur dit: *Si je n'étais pas Alexandre, je voudrais être Diogène.* (VIE DES ANCIENS PHILOSOPHES.)

Alexandre, en passant à Ilion, rendit de grands honneurs à la mémoire d'Achille, et fit célébrer des jeux autour de son tombeau; il admira et envia le double bonheur qu'il avait eu de trouver, pendant sa vie, un ami fidèle dans la personne de Patrocle, et, après sa mort, un digne héraut de son courage dans Homère.

Alexandre, poursuivant l'armée de Darius par la Cilicie, se rendit maître de la ville de Tharse, à travers laquelle on voyait passer le Cydne, rivière moins renommée par la largeur de son canal que

pour la beauté de ses eaux qui sont extrêmement claires, mais aussi extrêmement
fraîches, à cause de l'ombrage dont leurs
rives sont couvertes. On était alors vers la
fin de l'été, dont les chaleurs sont très
grandes en Cilicie; le jour était encore
dans la plus grande chaleur, et comme le
roi arrivait tout couvert de sueur et de
poussière, voyant cette eau si claire et si
belle, il lui prit envie de s'y baigner. Il n'y
fut pas plustôt entré qu'il se sentit saisi d'un
frisson si grand, qu'on crut qu'il allait
mourir. On l'emmena dans sa tente privé
de connaissance. La consternation fut générale dans tout le camp. Les soldats fon-
daient tous en larmes, et, s'oubliant bientôt eux-mêmes, et les malheurs qui les me-
naçaient, ils ne firent entendre que des regrets et des plaintes de ce que, dans la fleur
de sa jeunesse et dans le cours des plus
grandes prospérités, celui qui était leur
roi et leur compagnon de guerre tout ensemble, leur était ainsi enlevé et comme
arraché d'entre leurs bras.

Cependant il reprenait ses esprits, et revenant peu à peu à soi il reconnaissait

ceux qui étaient autour de lui, quoique son mal ne semblait s'être relâché qu'en ce qu'il commençait à le sentir. Mais l'esprit était encore plus agité que le corps n'était malade ; car il avait reçu la nouvelle que Darius pourrait bientôt arriver. Il ne cessait de se plaindre de sa destinée qui le livrait sans défense à son ennemi, lui dérobait une si belle victoire, et le réduisait à mourir dans une tente d'une mort obscure et bien éloignée de cette gloire qu'il s'était promise. Ayant fait entrer ses confidents et ses médecins, *Vous voyez, mes amis, leur dit-il, dans quelle extrémité pressante la fortune me réduit. Il me semble déjà entendre le bruit des armes, et voir arriver Darius. Il était sans doute d'intelligence avec ma mauvaise fortune, quand il écrivit à ses satrapes des lettres pleines de hauteur et de fierté à mon égard ; mais il n'en est pas où il pense, pourvu que l'on me traite à mon gré. L'état de mes affaires ne souffre ni des remèdes lents ni des médecins timides. Une prompte mort m'est meilleure qu'une guérison tardive. Si les médecins croient avoir quelque ressource pour moi dans leurs remèdes, qu'ils sachent que je ne cherche pas tant à vivre qu'à combattre.*

Cette impatience précipitée alarmait tout le monde. Les médecins, qui savaient qu'on les rendrait responsables de l'événement, n'osaient hasarder un remède violent et extraordinaire, d'autant moins que Darius avait fait publier qu'il donnerait mille talents à quiconque tuerait Alexandre. Philippe, un des médecins d'Alexandre, Acarnanien de nation, qui l'ayant toujours servi dès son bas âge, l'aimait tendrement , non seulement comme son roi, mais comme son nourrisson, s'élevant, par affection pour son maître, au-dessus de toutes les considérations de la prudence humaine, offrit de lui donner un remède qui ne serait pas trop violent, et qui ne laisserait pas de faire un prompt effet: il demandait trois jours pour le préparer. A cette offre, chacun trembla, excepté celui qui y était le plus intéressé, et que le délai seul de trois jours affligeait, dans l'impa-

tience où il était de paraître à la tête de
son armée.

Sur ces entrefaites, Alexandre reçut
une lettre de Parménion, qui était resté en
Cappadoce, celui de tous les grands de sa
cour en qui il se fiait le plus. Il lui man-
dait de se garder de Philippe, que Darius
avait corrompu en lui promettant mille
talents et sa sœur en mariage. Cette lettre
le jeta dans une grande perplexité, ayant
tout le temps de peser les raisons de craindre et d'espérer qui se présentaient à son
esprit. La confiance en un médecin dont il
avait connu et éprouvé dès sa plus tendre
enfance le fidèle attachement l'emporta
bientôt, et dissipa tous ses doutes. Il re-
ferma la lettre, et la mit sous son chevet
sans la communiquer à personne.

Le jour venu, Philippe entre avec son
remède : Alexandre tire la lettre de dessous son chevet, la donne à lire à Philippe ;
en même temps il prend la coupe, et, les
yeux attachés sur le médecin, il l'avale
sans hésiter et sans témoigner ni le moindre soupçon ni la moindre inquiétude.

2..

Philippe, en lisant la lettre, avait marqué plus d'indignation que de surprise et de crainte ; et la jetant sur le lit du roi, *Seigneur*, dit-il d'un ton ferme et assuré, *votre guérison me justifiera bientôt du parricide dont on m'accuse. La seule grâce que je vous demande, c'est que vous mettiez votre esprit en repos, et que vous laissiez opérer ce remède sans songer à cet avis que vous ont donné les serviteurs pleins de zèle à la vérité, mais d'un zèle peu discret et tout-à-fait hors de saison.*

Ces paroles ne rassurèrent pas seulement le roi, mais lui remplirent l'ame de joie et d'espérance ; et prenant Philippe par la main, *Soyez vous-même en repos*, lui dit-il, *car je vous vois doublement inquiet sur ma guérison et sur votre justification.* Cependant la médecine le travailla de telle sorte, que les accidens qui suivirent fortifièrent l'accusation de Parménion. Le roi perdit la parole et tomba dans de si grandes syncopes, qu'il n'avait presque plus de pouls ni d'apparence de vie. Philippe n'oublia rien de ce qui était de son art pour le secourir. Quand il le vit revenu à lui, il se mit à l'entretenir de choses agréables, lui parlant tantôt de sa mère et de ses sœurs, tantôt de cette grande victoire qui s'avançait à pas de géant pour couronner ses premiers triomphes : enfin, la médecine s'étant rendue maîtresse, et ayant répandu dans toutes les veines une vertu salutaire et vivifiante, l'esprit fut le premier à reprendre sa vigueur, et le corps ensuite, beaucoup plus tôt qu'on ne l'avait espéré. Trois jours après il se fit voir à l'armée, qui ne pouvait se lasser de le contempler, et qui avait peine à croire ce qu'elle voyait, tant la grandeur du danger l'avait consternée et abattue. Il n'y eut point de caresses qu'elle ne fît au médecin, chacun venant l'embrasser et lui rendre grâce comme à un dieu qui avait sauvé la vie au prince.

(ROLLIN , *Hist. Ancienne.*)

ALEXANDRE SÉVÈRE,

Empereur.

ALEXANDRE naquit le 1er octobre de l'an 208, dans la ville d'Arce en Phénicie. Il était fils de Génésius Marianus, Syrien, et de Julia Mamea, fille de Julia Maësa, femme de l'empereur Sévère. Alexandre fut adopté et fait César par Héliogobale, à la persuation de Maësa, et lui succéda, n'étant âgé que de 14 ans, le 11 mars 222. On remarqua en lui tout ce que peut un bon naturel fortifié par une éducation aussi noble que celle que lui procura sa mère, secondée par la sagesse des grands hommes, qu'il considéra comme ses véritables amis. Ulpien, savant jurisconsulte, tint le premier rang parmi eux, et entra si avant dans sa confidence, qu'Alexandre le fit préfet du prétoire, et premier ministre. Ce prince permit aux Juifs de demeurer dans la Palestine, et de jouir de leurs privilèges;

traita avec douceur les chrétiens ; et donna tant de marques d'équité et d'humanité dans toutes les occasions, qu'il fut aimé de ses sujets, et honoré de ses ennemis. Il garda une telle modestie dans une si haute élévation, qu'il ne voulut jamais qu'on lui donna le titre de *Dominus*, d'Antonin, de Grand, que le sénat prétendait lui déférer ; il ordonna qu'on le saluât seulement par ces mots : *Ave, Alexander.* Sous son règne l'on vit bientôt l'empire changer de face, et le vice banni. L'amour qu'il avait pour ses sujets le porta à s'obliger par serment de ne jamais changer la république, et de retrancher la multitude des officiers. Il prenait une particulière connaissance des affaires, qu'il voulait être examinées par d'habiles gens dont la fidélité lui était connue, afin qu'ensuite on lui en fît le rapport. Plusieurs lois furent établies en faveur du peuple, et pour l'administration des finances ; mais il n'en publia aucune sans l'avis de vingt jurisconsultes, et de cinquante autres personnes d'une capacité et d'une expérience éprouvées. Il ôta la vénalité des charges, et les donna au seul mérite. Son conseil fut composé des plus vertueux et des plus habiles jurisconsultes de l'empire. Il disait qu'il fallait charger du soin de la république, non ceux qui le recherchaient avec empressement, mais ceux à qui on était obligé de faire violence pour les engager à accepter les dignités. C'est pour cette raison qu'il établit préfet du prétoire un homme qui s'était enfui de peur de l'être : maxime ensevelie avec Alexandre Sévère dans le même tombeau. Fugitif qui n'eut guère d'imitateurs dans le monde, parce qu'on y a substitué de vains titres au mérite réel. Alexandre partit de Rome pour arrêter les ravages des Allemands; mais arrivé à Mayence, Maximin le fit tuer avec sa mère Mamia, près de la ville de Sichlingen, et se revêtit de la pourpre. On met sa mort au 18 de mars, l'an 235.

ALFRÈDE.

On attribue au roi d'Angleterre Alfrède, qui vivait vers l'an 800, une institution qui ferait honneur aux législateurs des siècles les plus éclairés. C'est celle par laquelle il divisa l'Angleterre en comtés, les comtés en centuries, et les centuries en décuries ou colléges de dix bourgeois considérables, dont le doyen fut appelé *Borsholdor*, c'est-à-dire, principal répondant, ou le vieillard du bourg. Pour bien entendre cet établissement, il faut entrer dans le détail des obligations de ces bourgeois composant chaque décurie. Ces dix hommes se cautionnaient solidairement, et s'engageaient envers le roi de répondre de tout ce qui pourrait se commettre mal à propos par chacun de leurs associés : si l'un d'eux venait à prendre la fuite, les autres étaient tenus de le représenter dans le terme de trente jours, ou de satisfaire pour lui selon la qualité de la faute qu'il avait

commise; par ce moyen, Alfrède tenait ses
sujets dans l'ordre, et arrêtait le cours de
plusieurs malversations, par l'intérêt que
ces espèces de décemvirs avaient de les empêcher. Cette police intérieure est une des
plus admirables que l'esprit humain ait pu
imaginer ; et l'Angleterre, qui vante tant
le code de ses lois modernes, aurait peine à
en citer une seule qui approchât de l'utilité
et de la sagesse de l'institution du roi Alfrède.

AMÆNOPHIS. — (2494).

AMŒNOPHIS fit amener au palais tous
les enfants mâles qui naquirent le jour de
la naissance de Sésostris, son fils : il voulut
qu'ils fussent élevés comme ses enfants, et
avec les mêmes soins, et que l'état lui-
même prît soin de leur fortune; générosité
vraiment royale. Quoi de plus propre, non
seulement à graver dans la mémoire des
peuples un événement qui avait donné un

successeur au prince, mais encore à faire
célébrer le jour de sa naissance dans toute
l'Égypte avec une véritable joie. Une multitude d'Égyptiens devenus pères avec le
roi, se rappelait que le monarque avait
voulu que sa satisfaction rejaillît sur eux ;
que ses sujets devinssent les compagnons
de son fils, et que sa bienfaisance remplît
l'intervalle que la nature avait mis entre
eux et Sésostris. Comparons les réjouissances que les siècles suivants ont faites pour
de semblables événements, et nous serons
étonnés qu'Amænophis n'ait pas eu un seul
imitateur.

ANTIOCHUS VI,

Roi de Syrie.

ANTIOCHUS s'étant égaré à la chasse, et
se trouvant seul, se retira dans la cabane
de pauvres gens qui le reçurent du mieux
qu'il leur fut possible, sans le connaître.
Pendant le souper, ayant fait tomber

lui-même la conversation sur la personne et sur la conduite du roi, ils lui dirent que c'était un très bon prince, mais que sa trop grande passion pour la chasse lui faisait négliger les affaires de son royaume, et qu'il s'en reposait sur des courtisans qui ne repondaient pas toujours à ses bonnes intentions. Antiochus ne répondit rien sur-le-champ. Le lendemain, sa suite étant arrivée à la cabane, il fut reconnu pour ce qu'il était. Il raconta à ses officiers ce qui s'était passé la veille, et leur dit, comme par reproche : *Depuis que je vous ai attachés à mon service, je n'ai entendu la vérité que du jour d'hier.*   (PLUTARQUE.)

ANTONIN LE PIEUX,

Empereur romain, né l'an 86.

Qu'on se représente Socrate sur le trône, et on se formera une idée du règne d'Antonin. Ses sujets admiraient surtout en lui une justice inflexible, et toujours attentive à rendre à chacun ce qui lui était dû ; son habileté à discerner les cas qui méritent de l'indulgence de ceux qui exigent de la sévérité ; sa disposition à écouter quiconque pouvait lui donner un avis utile ; son amour pour le travail ; sa bonté et sa douceur envers tous ceux qui l'approchaient. Assez grand par lui-même pour mépriser tout hommage servile, il ne souffrait point ces flatteries indécentes qui déshonorent autant ceux qui les reçoivent que ceux qui les donnent. Nul faste ne l'environnait, et son exemple est une preuve qu'un prince vertueux n'a besoin, pour se faire respecter, ni de gardes ni d'habits magnifiques, ni de statues ni de tout l'éclat extérieur. Sans caprice, sans passion, sans cupidité, retenu en tout, et agissant toujours avec réflexion, il était capable, comme Socrate, de s'abstenir et de jouir des choses dont le commun des hommes n'a ni la force de se priver ni la sagesse de bien user.

Antonin avait été adopté par Adrien, et ce dernier avait, par cette adoption, accordé au peuple romain le plus rare bienfait que le ciel même puisse faire à l'univers. Lorsque après la mort de cet empereur Antonin monta sur le trône, le sénat lui donna le surnom de *Pius*, qu'il est assez difficile de rendre en notre langue par un seul mot ; mais qui rappelait à ses sujets la bonté, la douceur de son caractère, son respect pour les dieux, et le soin qu'il prit pour soulager son beau-père dans sa vieillesse, et Adrien dans sa maladie. Pausanias dit qu'il ne méritait pas seulement ce nom de *Pius*, mais encore celui qu'on avait donné autrefois à Cyrus, *le père des hommes.*

Cet empereur signala le commencement de son règne par un acte de clémence. Quelques sénateurs ambitieux avaient conspiré contre lui. Il ne put dérober leur chef à la vengeance du sénat ; mais il arrêta toutes poursuites contre ses complices. *Je ne veux point*, dit-il, *commencer mon gouvernement par des traits de rigueur.* Et il ajouta agréablement : *Ce ne serait point une chose qui pût me faire honneur ou plaisir, s'il se trouvait par les informations que je fusse haï par un grand nombre de mes concitoyens.*

Son règne fut pacifique : il se regardait avec raison comme le père de ses sujets, et obligé, à ce titre, de leur procurer la paix. Il répétait avec complaisance ces paroles de Scipion l'Africain : *J'aime mieux conserver un seul citoyen, que de tuer mille ennemis.* Les injures n'étaient point capables d'altérer la douceur naturelle de ce prince. Dans une émeute populaire, occasionnée par une famine, quelques séditieux s'étant présentés à lui, au lieu de venger l'autorité outragée, il descendit à leur rendre compte des mesures qu'il prenait pour soulager la misère publique ; et il ajouta un secours effectif en faisant acheter à ses dépens des blés, des vins, des huiles, qu'il distribua gratuitement aux pauvres citoyens.

Sa modération envers divers particuliers dont il pouvait se venger n'est pas moins digne d'éloge. N'étant encore que proconsul, il arriva à Smyrne, et alla prendre son logement dans la maison du sophiste Polémon, qui était pour lors à la campagne. Cet homme brutal, étant de retour, cria et s'emporta de voir sa maison occupée par le proconsul; il fit tant de plaintes, qu'il força Antonin d'aller au milieu de la nuit chercher un autre logement. Quelque temps après, lorsqu'il fut parvenu à l'empire, Polémon vint à Rome saluer l'empereur : ce prince lui fit donner un appartement dans son palais, et lui dit d'un air gai et gracieux : *Vous pouvez le prendre librement, sans craindre qu'on vous en fasse sortir.*

Antonin n'ignorait pas qu'un prince n'est que l'économe du trésor public, et qu'il ne doit en user que pour le bien de l'état. Lors de son adoption, il avait promis des largesses au peuple, selon l'usage; il les donna de son propre bien, et comme Faustine, son épouse, lui en faisait des reproches, *Ne devez-vous pas savoir,* lui dit-il, *que depuis que nous sommes parvenus à l'empire, nous avons perdu tout droit de propriété, même sur ce que nous possédions auparavant.* Ce prince, ajoutent les historiens, donna son patrimoine à l'état, s'en réservant seulement l'usufruit à lui et à Faustine sa fille, qu'il maria à Marc-Aurèle. Il était toujours dis-

posé à remettre des impôts, lorsque le besoin de ses peuples le demandait. Il fit plusieurs lois sur le mariage, et contre les délateurs. Il fut pleuré par ses sujets comme
le meilleur des rois et le plus doux des
hommes. Ses successeurs prirent son nom
pour se rendre agréables au peuple; ce qui
est l'éloge le plus flatteur. Il était originaire
de Nîmes, en Languedoc, né à Lanuvium,
ville d'Italie, l'an 86 de Jésus-Christ. Il
mourut en 161, âgé de soixante-quinze
ans.

ARIOBARZANE,

Roi de Cappadoce.

Ariobarzane, roi de Cappadoce, toujours fidèle aux Romains, à qui il devait
son élévation, était venu au camp de Pompée; et pendant que ce général était sur
son tribunal, le roi était assis à côté sur
une chaise curule. Mais il aperçut son fils
placé auprès du bureau d'un greffier: ce

tendre père ne put supporter de voir son fils tenir une place si peu convenable à son rang ; il descendit, alla lui ceindre le diadème, et l'exhorter à aller prendre la place qu'il venait de quitter. Le fils répand un torrent de larmes, laisse tomber le diadème, et ne veut point se rendre, quelques instances qui lui fussent faites. Ainsi, par une générosité incroyable, celui qui quittait une couronne était plein de joie, et celui à qui on la mettait sur la tête était plongé dans une tristesse amère. Quel combat ! Qui peut n'en être pas charmé, attendri ! Il fallut que l'autorité de Pompée intervînt pour terminer une querelle si glorieuse ; il confirma la volonté du père, et ordonna au fils d'obéir. Ce jugement ne lave pas Pompée du juste reproche d'avoir souffert qu'un prince se dépouillât de son diadème, pour voir son fils dans une place honorable à ses côtés.

(ROLLIN, *Hist. Rom.*)

ASYEHIS. — (2800.)

Les peuples les plus policés, comme le
Romains et les Athéniens (1), ont été
embarrassés à trouver un juste tempérament pour réprimer la dureté du créancier
envers son débiteur, et la négligence et la
mauvaise foi du dernier à l'égard de l'autre. Asyehis l'avait trouvé ce milieu, qui,
sans toucher à la liberté personnelle des

---

(1) Quelques législateurs grecs défendaient
qu'on pût enlever pour dettes, aux laboureurs,
par exemple, leurs chevaux, leurs charrues, et
tous les autres instruments nécessaires au labourage, parce qu'ils trouvaient qu'il y avait de
l'inhumanité à réduire par ce dépouillement ces
malheureux à l'impossibilité de gagner leur vie
et par conséquent de quoi payer leurs dettes :
mais, par une contradiction assez commune à la
prudence humaine, ils permettaient d'emprison-
ner les laboureurs, qui seuls pouvaient se servir
de ces instruments. N'était-ce pas défendre qu'on
leur liât un bras, pour leur lier ensuite tous les
membres ?

3

citoyens, pressait continuellement les débiteurs par la crainte de devenir infâmes, s'ils ne remplissaient pas, leurs engagements. Il rendit une ordonnance par laquelle il n'était permis d'emprunter qu'en engageant le corps de son père, que chacun, comme on sait, faisait embaumer avec soin, et gardait dans sa maison avec vénération : c'était une infamie, et une impiété tout ensemble, de ne pas faire les plus grands efforts pour retirer promptement un gage si précieux. Ceux qui mouraient sans s'être acquittés de ce devoir étaient privés des honneurs de la sépulture. Asyehis, en attachant de la honte à la négligence du débiteur, avait assuré les droits du créancier, et conservé les citoyens à la patrie; deux objets qu'un sage législateur ne perd jamais de vue. Ce prince mérita le titre de roi *bienfaisant* par une loi qui donnait aux Égyptiens la liberté de se secourir, et les garantissait en même temps d'une odieuse ingratitude.

AUGUSTE,

Empereur.

Auguste, au rapport de Suétone, était d'une taille au-dessous de la médiocre, mais bien proportionnée ; sa physionomie était pleine de douceur et d'agrément ; très peu envieux de sa parure, il semblait regretter le temps qu'on était obligé de lui dérober pour son habillement. Il avait le regard si vif, qu'on en soutenait l'éclat avec peine ; il se sentait flatté, ainsi qu'Alexandre, lorsqu'on baissait les yeux pour ne pas rencontrer les siens. Plusieurs historiens ont peint son esprit avec des couleurs bien différentes, parce qu'ils n'ont pas distingué en lui le citoyen ambitieux et l'empereur. Octave était injuste, cruel, vindicatif, adonné à toutes ses passions. Auguste fut un empereur doux, humain, généreux, et le protecteur des arts : il fit les délices de son peuple, comme son peuple fit les siennes. C'est ce qui a donné lieu

à ce mot célèbre : *il ne devait point naître,
ou ne devait point mourir.* Une grande pénétration, un art merveilleux de profiter
des conjonctures, et de tirer parti des vertus et des défauts des autres, était sa qualité dominante, et fut celle qui contribua
le plus, peut-être, à son élévation.

Antoine et Octave se disputaient l'empire du monde. Après quelques légers combats, cette fameuse querelle fut terminée
par la victoire d'Actium, qu'Octave remporta. Le vainqueur revint à Rome l'an 29
avant Jésus-Christ, et commença sous Auguste un règne glorieux, bien opposé aux
barbaries d'Octave. Agrippa et Mécènes
l'aidèrent à supporter le poids du gouvernement : l'un était l'homme d'état, et l'autre
l'ami de l'empereur ; mais tous deux contribuèrent également à sa gloire. Auguste
avouait généreusement les grandes obligations qu'il leur avait ; et, après leur mort,
ayant fait une démarche imprudente, il dit,
dans l'amertume de ses réflexions : *Je n'aurais pas aujourd'hui lieu de me repentir, si Mécènes ou Agrippa avaient
vécu.*

Quoique Auguste, dans ses règlements, agît en prince souverain et en législateur, il comparaissait quelquefois devant les tribunaux des juges en simple particulier, et plaidait pour ses amis; il écoutait même avec la plus grande modération les paroles libres que lui disaient les avocats des parties adverses. Un simple légionnaire l'avait un jour prié de plaider sa cause devant une des cours de justice; l'empereur lui dit qu'il était trop occupé, mais qu'il en chargerait un orateur plus éloquent que lui. Le soldat lui repartit brusquement : *Me suis-je battu par procureur pour vous ? — Tu as raison*, lui dit l'empereur, *et je ne plaiderai pas non plus par procureur pour toi.* Il tint parole, et plaida la cause du légionnaire. Ce prince, persuadé que le premier devoir d'un souverain est d'écouter les plaintes de ses sujets, donnait audience tous les jours : il se tenait dans sa litière lorsqu'il était indisposé, ou faisait venir les particuliers dans sa chambre quand il n'en pouvait sortir.

Sa clémence envers Cinna, petit-fils

du grand Pompée par sa mère, mérite les plus grandes éloges. Cinna avait conspiré contre Auguste ; la conspiration avait été découverte. Ce prince le fit venir dans son cabinet, et après lui avoir nommé les conjurés (comme Cinna n'attendait plus que l'arrêt de sa mort), l'empereur lui tint ce discours : *Je t'avais pardonné autrefois comme à un ennemi, je te pardonne aujourd'hui comme à un parricide. Si tu as été insensible à la première grâce, ne le sois pas à la seconde, et qu'il y ait désormais entre nous une amitié sincère et réciproque.* En même temps il lui tendit la main, lui déclara qu'à sa considération il pardonnait à ses complices, et il le désigna consul pour l'année suivante. Cette clémence désarma tous ses ennemis, et dans la suite il n'y eut plus de conspirations contre sa vie.

Il ne voulait point que l'on entreprît aucune guerre, à moins que le gain qu'on y pouvait faire ne surpassât de beaucoup la perte qu'on avait à y craindre. *Ceux qui ne font pas difficulté,* disait-il, *d'acheter de petits avantages par de grands risques, ressemblent à ceux qui pêcheraient avec un hameçon d'or, dont la perte, si la ligne venait à se rompre, ne peut être compensée par la pêche, quelque heureuse qu'elle fût.*

Étant épris de la femme d'un ami du philosophe Athénodore, il la manda dans le temps que celui-ci était dans sa maison. Le mari et la femme furent également consternés, mais ils n'avaient pas le courage de résister : le philosophe s'offrit à les tirer d'embarras, se revêtit des habits de la dame, et lorsque la litière qui servait à ces intrigues fut venue, il y entra, et fut porté dans la chambre de l'empereur. Ce prince ayant levé les rideaux de la litière ne fut pas peu surpris d'en voir sortir, l'épée à la main, Athénodore, dont il respectait la vertu. « Eh quoi ! César, vous « ne craignez pas que quelqu'un n'ima- « gine, pour attenter à votre vie, l'artifice « que j'emploie innocemment » ? Auguste interpréta favorablement la hardiesse d'A- thénodore, et profita de la remontrance.

Auguste combla de caresses et de bien- faits cette foule de savants qui rendaient son règne un des plus illustres de l'esprit humain. Les sciences et les arts, par les soins de Mécènes, s'élevèrent au plus haut point de perfection. Auguste mourut à Nole, la quatorzième année de notre ère, âgé de soixante-seize ans.

CAMBYSES,

Roi de Perse.

CE prince donna, vers l'an 524 avant Jésus-Christ, un exemple de sévérité qui n'a peut-être pas été assez suivi. Siramnes, juge établi par Cambyses, se laissa corrompre par des présents, et rendit une sentence injuste; il fut écorché tout vif. Le roi de Perse ordonna qu'on étendît sa peau sur le tribunal où se rendait la justice, et voulut que le fils de Siramnes, auquel il donna la charge de ce père infortuné, y fut lui-même assis, pour avoir toujours devant les yeux ces tristes marques de prévarication.

CAMILLE,

Dictateur romain, vers l'an 396 avant notre ère.

Marcus Furius Camillus, d'une maison encore peu renommée, dut à lui seul sa fortune et sa gloire. Il commença à se distinguer dans une bataille qui eut lieu contre les Èques et les Volsques, en avançant seul devant toute l'armée contre les ennemis pour engager le combat; et, quoique dans ce premier choc il eût été blessé à la cuisse, il ne se montra pas avec moins d'ardeur : il sembla même animé d'un nouveau courage; car, ayant arraché le fer de la javeline qui était restée dans la blessure, il ne s'attacha plus qu'aux ennemis, qui, par leur valeur, attiraient son attention.

Tant de courage fut récompensé; outre les avantages qui revenaient à ceux qui s'étaient distingués, il fut élu censeur, et remplit son emploi avec toute la gravité et la justice qu'il exigeait. Dans la suite

3.

on le créa tribun militaire pour aller devant Véies, principale ville de la Toscane, que les Romains tenaient assiégée depuis sept ans. Il n'y resta point, mais il fut chargé de faire la guerre aux Phalériens et aux Capénates, qui, profitant du moment où les Romains étaient occupés au siége de Véies, avaient fait des courses sur leur territoire. Camille les chassa jusque chez eux. Cependant le siége tirant toujours en longueur, la division qui existait entre le peuple et les patriciens faisant craindre de nouveaux troubles civils, et un mal contagieux venant ajouter aux craintes et au désordre, on eut recours aux remèdes que Rome employa tant de fois avec succès; on créa un dictateur, personnage entre les mains duquel toute l'autorité était remise. Le choix tomba sur Camille, comme celui que l'on estimait le plus grand capitaine et le plus homme de bien; car les grands talents ne suffisaient pas dans ce cas, il fallait encore des vertus qui assurassent au peuple que sa liberté n'avait aucun risque à courir. Ce général était si estimé de ses concitoyens et des alliés, que les premiers s'enrôlèrent à l'envi sous ses drapeaux, et que les autres lui envoyèrent des secours. Il se rendit aussitôt devant Véies. Cette place semblait pouvoir tenir long-temps encore; et Camille, jugeant qu'il était impossible de réussir par un assaut, eut recours à la sape et aux mines. Ses soldats, à force de travail et à l'insçu des assiégés, s'ouvrirent une route secrète qui les conduisit jusque dans le château. Ils se répandirent de là dans la ville; une partie alla charger par derrière ceux qui défendaient encore les murailles; d'autres rompirent les portes, et toute l'armée entra en foule dans la place.

La longueur du siége, qui avait duré dix ans, les périls qu'on y avait courus, l'incertitude même du succès, tout cela fit recevoir à Rome, avec des transports de joie, la nouvelle de la prise de cette ville. Tous les temples furent remplis de dames romaines, et l'on ordonna quatre jours de prières publiques en actions de grâces, ce qui n'avait pas encore été pratiqué dans les plus heureux succès de la république. Le triomphe même du dicta-

teur eut quelque chose de particulier : Camille parut dans un char tiré par quatre
chevaux de poil blanc. Cette pompe déplut au peuple, qui n'aimait point à voir
ses magistrats affecter une magnificence
qui avait quelque chose de royal.

Camille acheva de perdre la faveur populaire en s'opposant, avec le sénat, à la
proposition d'un tribun qui demandait
que l'on fît de Véies une nouvelle Rome,
en y envoyant, pour l'habiter, la moitié
du sénat, des chevaliers et du peuple. Ce
projet fut accueilli par le peuple avec des
transports de joie. Camille, qui ne faisait
que de sortir de la dictature, s'y opposa
avec force. « Ce n'est pas qu'il ne lui fût honorable de voir habiter par des Romains
une ville si fameuse, et qui était devenue
sa conquête ; il pouvait même penser que,
plus il y aurait d'habitants, plus il s'y
trouverait de témoins de sa gloire : mais il
croyait que c'était un crime de conduire
le peuple romain dans une terre captive,
et de préférer le pays vaincu à la patrie
victorieuse. Il ajouta qu'il lui paraissait
impossible que deux villes si puissantes

pussent demeurer long-temps en paix, vivre sous les mêmes lois, et ne former cependant qu'une seule république ; qu'il se formerait insensiblement de ces deux villes deux états différents, qui, après s'être fait la guerre l'un à l'autre, deviendraient à la fin la proie de leurs ennemis communs. » (VERTOT, *Révolutions de la république romaine.*)

Pour adoucir cependant la colère du peuple qui commençait à éclater, et le dédommager en quelque sorte de l'espoir qu'il avait conçu, Camille engagea le sénat à ordonner le partage des terres de Véies entre les chefs de famille. Cette libéralité changea la disposition des esprits ; le peuple se trouva satisfait, et laissa crier ses tribuns, qui voyaient toujours leur puissance affaiblie dans le bon accord des plébéiens et des patriciens.

Tout en fut peut-être resté là, si Camille n'eût rapporté qu'il avait, avant la prise de Véies, promis de sacrifier à Apollon la dixième partie du butin ; mais que la confusion du pillage, les devoirs du commandement et la multiplicité des affaires lui avaient fait sortir de sa mémoire ce vœu, que l'on ne pouvait cependant négliger d'accomplir, sans offenser le dieu et attirer sa colère sur Rome. Ce remords de conscience fut un nouveau sujet de murmures pour le peuple, qui avait déjà dépensé la plus grande partie de ce qu'il lui était revenu du pillage de Véies. Les tribuns dirent que Camille, par une politique abominable, voulait décimer les biens du peuple, pour le tenir, par la misère même, dans une plus grande dépendance des patriciens. Le sénat, malgré ces plaintes et ces avis, n'en ordonna pas moins que tous ceux qui auraient la crainte des dieux estimassent la valeur de leur butin, et qu'ils apportassent aux questeurs le dixième de cette valeur, afin d'en faire une offrande digne de la piété et de la magnificence du peuple romain. La contribution s'acquitta; mais les tribuns profitèrent des nouveaux mécontentements pour remettre en question la loi touchant la division des habitants de Rome. La guerre des Falisques vint à propos arrêter le cours de ces troubles. Camille fut élu, sous le nom de tribun militaire, pour aller contre les ennemis, et partit aussitôt pour placer le siége devant leur principale ville. Elle se rendit à la générosité du général romain. Un maître d'école lui ayant amené les enfants des principaux Falisques, dont il était chargé, Camille frémit d'horreur en voyant cette perfidie. *Apprends, traître,* lui dit-il, *que, si nous avons les armes à la main, ce n'est pas pour nous en servir contre un âge qu'on épargne, même dans le saccagement des villes.* Aussitôt il fit dépouiller ce perfide, et ordonna aux jeunes gens de le reconduire à coups de verges jusque dans la ville. Les Falisques, touchés de sa grandeur d'ame, se donnèrent de bon cœur aux Romains.

De pareils services méritaient des récompenses, et ne furent suivis que de l'ingratitude. Les tribuns du peuple revinrent encore au transport d'une partie des Romains à Véies, et voyant toujours Camille opposé à leur dessein ils l'accusèrent d'avoir triomphé en roi, d'avoir feint un vœu qu'il faisait acquitter par les pauvres soldats, tandis qu'il avait détourné plusieurs choses du butin, et gardait encore chez lui certaines portes de bronze; ils terminèrent par l'assigner devant le peuple romain, pour y rendre compte de sa conduite à cet égard.

Camille, trop fier pour descendre à la justification et paraître comme accusé, aima mieux abandonner Rome et se condamner à l'exil. On rapporte qu'en sortant il se tourna vers le Capitole, et pria les dieux que ses ingrats citoyens se repentissent bientôt d'avoir payé ses services par un si cruel outrage, et que leur propre calamité les obligeât de le rappeler. Il n'avait pas sans doute l'ame élevée d'Aristide, qui, dans une semblable circonstance, fit une prière contraire.

Ses vœux ne furent que trop tôt accomplis. Les Gaulois ayant fait une irruption dans l'Italie marchèrent vers Rome, qui ne voulait pas réparer un tort de ses ambassadeurs, s'en emparèrent, et tinrent assiégés dans le Capitole les Romains qui n'avaient pu garder leurs murailles. Comme ils refusèrent de se rendre, Brennus, le gé-

néral des Gaulois, fit raser la ville de
Rome, et ne laissa que des ruines au lieu
où l'on voyait, peu de jours auparavant,
la cité la plus florissante de l'Italie.

Cependant Camille, qui s'était retiré à
Ardée, ne put voir avec indifférence les
malheurs de sa patrie ; s'étant mis à la tête
des jeunes gens de cette ville, il tomba sur
un parti de Gaulois qui fourrageaient, et
en fit une horrible boucherie. A cette nouvelle, ceux des Romains qui s'étaient retirés à Véies accourent se ranger autour
de lui, et le conjurent d'arracher Rome à
sa perte. Il se défendit d'abord d'accepter
aucun commandement, parce qu'il était
banni. Mais Rome n'existe plus, lui dit-
on. *Le Capitole est encore debout*, ré-
pliqua-t-il, *et le sénat y siége*. Il fut
question d'avoir les ordres du sénat, la
chose était difficile : un jeune romain se
chargea cependant d'y parvenir à travers
les ennemis, et il revint bientôt avec le
décret du sénat qui déclarait Camille dictateur. Ainsi cet illustre Romain passa de
l'exil à la première dignité de son pays. Dans
tout autre capitaine, dit Vertot, ce n'au-

rait été qu'un vain titre; on ne lui donnait, avec cette qualité, ni troupes, ni argent pour en lever. Il trouva tout cela dans son courage et dans cette haute réputation qu'il avait si justement acquise. On n'eût pas plutôt appris sa nouvelle dignité, qu'il accourut de tous côtés des soldats dans son camp, et il se trouva bientôt à la tête de quarante mille hommes romains ou alliés. Il disposa cette armée de manière qu'il tenait en quelque sorte bloqués les Gaulois, qui eux-mêmes bloquaient le capitole, et qu'il leur fit souffrir une disette semblable à celle qui régnait parmi les Romains assiégés. Dans ces circonstances, Brennus pressa le siége si vivement, qu'il amena le sénat, qui ignorait l'état de Camille, à un accommodement. On convint que, moyennant mille livres d'or, les Gaulois lèveraient le siége; mais quand il fut question de peser l'or, les barbares usèrent de faux poids, et Brennus, loin d'avoir égard aux justes plaintes des Romains, mit encore dans la balance son épée et son bouclier, en disant : *malheur aux vaincus!*

Camille, qui avait appris les négociations, fit avancer son armée, et vint avec une escorte jusqu'au lieu de la conférence. A son arrivée, les députés du sénat lui ouvrirent le passage : *Romains*, dit-il, *remportez cet or ; c'est par le fer que nous renverrons les ennemis. Je suis dictateur*, dit-il ensuite à Brennus, qui se plaignait qu'on rompît un traité déjà conclu, *et l'on ne peut rien arrêter sans moi*. L'attaque commença aussitôt, et les Romains combattirent avec tant de courage, que les Gaulois furent presque tous tués sur la place, ou dans leur fuite par les habitants des villes prochaines.

Ce fut ainsi que Rome, qui avait été prise contre toute apparence, fut recouvrée par la valeur d'un exilé, qui sacrifia son ressentiment au salut de sa patrie. Mais, dit Vertot, s'il la sauva dans la guerre et par la voie des armes, on peut dire qu'il la conserva une seconde fois pendant la paix, et après en avoir chassé les ennemis. Cette Rome n'était plus qu'un amas de débris, et le peuple, abattu de fatigues et sans moyens, ne se sentait pas le courage de la rétablir. Véies lui offrait avec plus d'attrait que jamais ses édifices et ses avantages, il voulait s'y établir. Camille s'y opposa encore une fois, et, méprisant les cris séditieux des tribuns, il fit d'abord relever les temples et ensuite le reste de la ville. Ce fut l'ouvrage d'une année.

Camille rendit encore de grands services à sa patrie, et la fit toujours triompher de ses ennemis. Il fut dictateur cinq fois ; il avait quatre-vingts ans lors de sa dernière dictature, et parvint à détruire l'armée des Gaulois qui était encore revenue dans l'Italie. Il mourut de la peste qui ravagea Rome dans le cours de l'année qui suivit cette victoire.

CHARLEMAGNE.

CHARLEMAGNE attirait auprès de lui, par ses bienfaits, et les honneurs qu'il leur faisait rendre, les plus savants personnages. Il se plaignit un jour à Alcuin du peu de succès de ses recherches. *Plut à Dieu,* lui dit-il, *que j'eusse douze hommes aussi savants que Jérôme et Augustin !* — *Quoi ! prince*, répondit Alcuin, *le Créateur du ciel et de la terre n'a eu que deux hommes de ce mérite, et vous, vous en voudriez une douzaine !* Le plus grand bien que puisse faire un prince, c'est sans contredit de faire régner les sciences avec lui ; il ne fait souvent que des séditieux, et les savants lui aident à porter le poids des affaires, à rendre ses peuples heureux par des établissements utiles, et à augmenter la gloire de la nation par les lumières qu'ils répandent dans toutes les parties du gouvernement. Charlemagne était convaincu de cette importante vérité. On ne peut lire sans attendrissement la lettre qu'il écrit aux prélats et aux abbés de son royaume pour les engager à faire fleurir les lettres dans leurs chapitres et dans leurs monastères. Ce monument de son zèle paternel est trop précieux pour n'en pas placer ici un extrait. « Nous vous faisons savoir, leur dit-« il, que nous trouverions utile que, dans « les évêchés et dans les monastères dont

« nous sommes chargés, on s'appliquât,
« non seulement à maintenir la régularité,
« mais encore à enseigner les lettres à
« ceux qui ont des dispositions pour les
« sciences ; car, quoique ce soit une meil-
« leure chose de faire le bien que de le
« connaître, il faut le connaître avant que
« de le faire. Les lettres que nous avons
« reçues de plusieurs monastères nous ont
« paru raisonnables pour le sens et les
« pensées ; mais l'expression en est bar-
« bare, et le style fort mauvais, ce qui
« prouve combien on néglige de s'appli-
« quer à écrire, et combien il est néces-
« saire d'exécuter nos ordres par rapport
« aux écoles, avec le même zèle qui nous
« les a fait donner : car nous souhaite-
« rions que vous fussiez, comme doivent
« l'être des soldats de l'église, des hommes
« pieux et savants ; que vous viviez et que
« vous parliez bien. »

Charlemagne avait un soin particulier
des pauvres. On vint lui annoncer la mort
d'un évêque : *Combien*, demande-t-il vivement, *a-t-il légué aux pauvres en
mourant ?* On lui répond qu'il ne leur

avait laissé que deux livres d'argent. Un jeune clerc qui était présent s'écria : *C'est un bien petit viatique pour un si grand voyage !* Le prince vit, dans cette exclamation soudaine, une ame tendre, et telle qu'il la desirait dans les pasteurs de l'église; il donna l'évêché à celui qui l'avait faite, et lui dit : *N'oubliez pas ce que vous venez de dire, et donnez aux pauvres plus que celui dont vous avez blâmé la conduite.*

Charlemagne passait souvent par la maison d'un évêque assujetti à ce qu'on appelait alors droit d'*albergie,* ou d'*hébergement.* Ce droit obligeait une abbaye ou un évêque à nourrir le roi et toute sa suite. L'empereur venait fréquemment chez l'évêque, parce qu'il en était bien traité. Le voyant un jour fort occupé à faire balayer avec une sorte d'affectation, il lui dit : *Eh ! vous prenez trop de peine ; laissez-là le soin dont vous vous occupez, tout n'est-il pas assez net.* L'évêque, déjà ruiné par les dépenses qu'il avait faites pour recevoir son roi, répondit : *Sire, il ne s'en faut guère que tout soit net ; mais j'espère qu'aujourd'hui tout le sera de la cave au grenier.* L'empereur lui dit en riant : *Ne vous embarrassez pas , monsieur l'évéque, j'ai la main aussi bonne à donner qu'à prendre ;* et sur-le-champ il joignit à l'évêché une terre considérable.

Ce prince mit un tel tempérament dans les ordres de l'état, qu'ils furent contrebalancés, et qu'il resta le maître. Tout fut uni par la force de son génie ; l'empire se maintint par la grandeur de son chef : le prince était grand, l'homme l'était encore davantage. Il fit d'admirables règlements ; il fit plus, il les fit exécuter. Son génie se répandit dans toutes les parties de l'empire : on voit dans les lois de ce prince un esprit de prévoyance qui comprend tout, et une certaine force qui entraîne tout. Les prétextes pour éluder les devoirs sont ôtés, les négligences corrigées, les abus réformés ou prévenus. Il savait punir, il savait encore mieux pardonner ; vaste dans ses desseins, simple dans l'exécution, personne n'eut, à un plus haut degré, l'art de faire les plus grandes cho-

ses avec facilité, et les plus difficiles avec
promptitude. Ce prince était doux, modéré ; il avait les manières simples, et aimait à vivre avec les gens de sa cour. Il
mit une règle admirable dans sa dépense,
fit valoir ses domaines avec sagesse, avec
attention et avec économie. Un père de
famille pourrait apprendre dans ses lois
à conduire sa maison. Il mourut l'an 814
dans la soixante-onzième année de son
âge, et la quarante-sixième de son règne,
et fut enterré à Aix-la-Chapelle.

CHARLES-QUINT.

LE boulanger de Barberousse vint offrir
à CHARLES-QUINT, empereur, d'empoison-
ner son maître ; ce qui ferait tomber sans
risque tout le pays entre les mains des Espagnols. Charles refusa cette proposition
affreuse, fit avertir sur-le-champ, son ennemi du péril qu'il avait couru, et de se
tenir à l'avenir sur ses gardes.

De lâches courtisans engageaient Charles à se livrer au penchant qu'il avait pour la femme d'un des plus braves officiers de son armée. *A Dieu ne plaise*, dit-il, *que j'offense l'honneur d'un homme qui défend le mien l'épée à la main.*

Il donnait un de ces divertissements que les Espagnols appellent joûte de cannes. Il avait réglé que tous ceux qui devraient y prendre part se diviseraient par quadrilles. Chaque grand composa la sienne des gens de condition qui lui étaient le plus attachés. Mais tous avaient négligé un homme de mérite et de considération, parce qu'il avait quelque tache dans son origine. L'empereur, averti par un de ses gentilshommes de l'affront qu'on faisait à une personne qu'il estimait, sortit de son cabinet, et dit aux grands qui l'attendaient sur son passage : *Messieurs, que personne ne retienne Dom N***, parce qu'il doit entrer dans mon quadrille.*

Ce prince, dans ses premières années, allait souvent à la chasse. Un jour, poursuivant un sanglier plus vivement qu'il n'aurait fallu, il se trouva au milieu de la forêt, suivi seulement du comte de Bossu.

Il s'aperçoit que ce jeune seigneur s'était blessé avec son couteau qui, selon l'usage de ce temps-là, était empoisonné avec de la jusquiame : le seul moyen d'arrêter l'effet du poison, était de le sucer sur-le-champ; le prince n'hésite point un instant, et, malgré la résistance du comte, il lui procura le secours nécessaire.

Dans un voyage qu'il fit de Bruxelles à Anvers, son cheval, ou ceux de sa suite, écrasèrent une brebis. Le berger ayant demandé inutilement un dédommagement, se laissa persuader de faire assigner l'empereur. Le procès fut instruit et jugé comme il l'aurait été entre de simples particuliers. Cette procédure déplut à la cour. On interrogea le juge, qui répondit qu'il était soumis à l'empereur, mais que dans les affaires de son tribunal il ne connaissait que la justice. Cette réponse généreuse fit impression sur l'esprit de Charles, qui employa dans la suite ce magistrat dans des affaires importantes.

Le célèbre Titien, peintre de l'école de Venise, disait à l'empereur qu'il avait l'honneur de le peindre pour la troisième fois. *Oui*, repartit le prince, *c'est pour la troisième fois que vous me donnez l'immortalité.* Cet artiste, ayant laissé tomber son pinceau, le monarque le ramassa en disant que le Titien méritait d'être servi par César. *Les gens de lettres,* disait ce prince, *m'instruisent, les négocians m'enrichissent, et les grands me dépouillent.*

CHARLES V, surnommé LE SAGE,

Roi de France, né en 1336, et mort en 1380.

Charles, fils de *Jean* roi de France, naquit en 1336. Ce fut le premier des fils aînés de France qui eut le titre de *dauphin.* Avant d'être roi, ce prince eut occasion de montrer qu'il était digne de porter la couronne. Le roi Jean, ayant, par sa faute, donné et perdu la fameuse bataille de Poitiers contre les Anglais, fut fait prisonnier et conduit à Londres. Le jeune Charles, comme l'héritier présomptif du trône, prit les rênes du gouvernement : il n'avait pas encore atteint l'âge de majorité, qui alors pour les rois n'arrivait qu'à vingt et un ans. Il eut non seulement les malheurs de son père à supporter, mais encore nombre d'obstacles à vaincre. Une conduite imprudente, pardonnable à un jeune homme sans expérience, excita la défiance contre lui. Les états-généraux, qu'il avait assemblés, au lieu de lui donner les secours nécessaires pour sauver l'état sur le point de périr, voulurent lui faire la loi. Deux factieux principaux conduisaient ce parti opposé ; l'un, évêque de Laon, se nommait *Lecoq* ; et l'autre, prévôt des marchands de Paris, *Étienne Marcel*. Ils firent révolter Paris, et forcèrent Charles à se retirer dans les provinces qui tenaient encore pour les rois de France. Dans le même temps, les paysans se révoltèrent aussi : cette nouvelle révolte fut nommée *la Jacquerie*, sans doute par mépris pour ceux qui l'élevèrent. « Ces malheureux, dit *Millot*, qui ne trouvaient ni repos ni sûreté dans les campagnes, se soulevèrent tout à coup en plusieurs endroits, et jurèrent d'exterminer la noblesse : c'était autant de bêtes féroces dont les fureurs passent toute expression. Les nobles prirent les armes, d'abord pour se défendre, ensuite pour se venger. Ce ne fut que carnage , qu'incendies dans les provinces. Les *Jacques* subirent le sort qu'ils devaient prévoir : la noblesse, exercée aux armes, les massacra de tous côtés. »

Telle était la situation de la France : la moitié de ses provinces était au pouvoir des Anglais ; son roi était prisonnier à Londres, Paris révolté ; et les nobles et les roturiers se traitaient en bêtes féroces. Charles, au milieu d'un désordre aussi général , se conduisit avec une prudence qu'on ne peut trop admirer, et fut le sauveur de la France. Quand, par son art, il eut trouvé le moyen de fortifier son parti de la faiblesse même du parti contraire, il marcha contre Paris, et le bloqua. Il avait alors l'âge de majorité, et n'agissait plus que de son propre mouvement. Marcel et l'évêque de Laon, aidés de toute la canaille de Paris, et des prêtres, qu'on pouvait bien mettre au même rang, se disposèrent à résister ; mais, ne se sentant point en force, ils complotèrent pour faire tomber la ville et la couronne au pouvoir du roi de Navarre. Le jour marqué pour cette exécution, Marcel se rend de nuit à la porte Saint-Antoine, qu'il devait livrer. *Jean Maillard*, généreux citoyen, averti du complot, l'aborde tout à coup, et lui reproche sa perfidie. Un démenti du prévôt des marchands est suivi d'un coup mortel dont Maillard lui fend la tête. L'alarme se répand de rue en rue ; on publie la trahison et la mort du coupable, on égorge ses complices ; les Parisiens ouvrent leurs portes, et vont au-devant du dauphin. On le reçut au milieu des acclamations. Un bourgeois eut néanmoins l'impudence de lui dire : *Par Dieu, sire, si l'on m'avait cru, vous n'y seriez pas entré ; mais on y fera peu pour vous. — On ne vous en croira pas, beau sire*, répondit le prince en souriant ; et il empêcha qu'on ne fît rien à cet audacieux, que ses gardes allaient massacrer. Il voulut qu'une amnistie générale fît oublier le passé : les chefs seuls en furent exceptés.

Jean, qui s'ennuyait dans sa prison, fit avec l'Angleterre un traité capable d'achever la ruine du royaume : il cédait la Normandie, le Périgord, le Querci, le Limousin, le Poitou, l'Anjou, le Maine, la Touraine, avec quatre millions d'écus d'or pour sa rançon. Les états convoqués par le jeune régent frémirent à la lecture de ce traité : on le rejeta unanimement. En conséquence, la trève étant expirée, Édouard III, roi d'Angleterre, à la tête de cent mille hommes, rentra en France pour étendre ses conquêtes. Une seule bataille pouvait renverser le trône ; mais Charles était aussi prudent que son père l'était peu ; il mit les places fortes en sûreté, et abandonna le reste à des ravages inévitables. Sa prévoyance ne fut point démentie : la disette et la fatigue épuisèrent les Anglais, et Édouard en vint à de nouvelles négociations, et à des accommodements moins onéreux pour la France. Jean sortit de captivité, et n'eut qu'à se louer d'un fils qui, par son habileté, lui avait conservé le trône.

Ce fut l'an 1364 qu'il succéda à son

père. La France avait besoin d'un homme aussi rare pour rétablir ses affaires, ou plutôt pour la sauver d'une perte qui paraissait inévitable : elle fut heureuse aussi d'avoir produit en même temps un Duguesclin, capable d'exécuter ce que Charles avait médité. Ce roi, qui jouissait d'une très faible santé, ne se mit point à la tête de ses armées ; mais il connaissait les hommes et les choses. Du fond de son cabinet, il vint à bout, par les mains qu'il employa, de recouvrer ce que ses prédécesseurs avaient perdu par leur imprudence. Il mit Duguesclin à la tête de ses armées, et ce général tomba, dans le Maine et dans l'Anjou, sur les quartiers des troupes anglaises, et les défit toutes les unes après les autres. Nous ne suivrons pas le cours de ses avantages et des guerres qu'il entreprit pour lui ou pour ses alliés. Il rendit à la France son ancien lustre ; et Édouard, rongé du chagrin des pertes qu'il lui avait fait essuyer, disait que *jamais roi ne s'était moins armé, et ne lui avait donné tant à faire.* Et cependant ce roi, qui fit de si grandes choses, eu égard aux circonstances, avait eu bien de la peine à rassembler douze cents hommes au commencement de son règne.

A l'âge de quarante-quatre ans, il fut attaqué de la maladie qui l'emporta. C'était une suite du poison que le roi de Navarre lui avait donné, lorsqu'il n'était encore que dauphin. Un médecin allemand l'avait sauvé en lui ouvrant le bras par une fistule qui donnait issue au venin. Le jour même de sa mort, ce bon roi supprima, par une ordonnance expresse, la plupart des impôts. Il le pouvait sans mettre aucune entrave aux opérations de son successeur, car il avait amassé dix-sept millions de livres de son temps ; et ce trésor, alors considérable, n'était ni le fruit des vexations ni celui d'une avarice dangereuse : c'était le résultat d'une sage économie, et des soins qu'il avait pris de faire fleurir l'agriculture et le commerce. Cette économie, vu le peu de moyens qu'il reçut avec la couronne, et les guerres qui accompagnèrent son règne, en est une sorte de prodige. C'est la plus belle preuve qu'il donna de son amour pour son peuple. Jamais prince, dit Hénault, ne se plut tant à demander conseil, et ne se laissa moins gouverner que lui par ses courtisans. Il mettait son plus grand bonheur dans le bien qu'il pouvait faire. *Vous êtes heureux*, lui disait son favori *Larivière.* — *Sans doute*, répondit-il, *parce que j'ai le pouvoir de faire du bien.* Il connaissait l'importance que l'on doit mettre à respecter les mœurs : ayant appris qu'un seigneur avait tenu un discours trop libre devant le jeune Charles, son fils aîné, il chassa de sa cour le coupable, et dit à ceux qui étaient présents : *Il faut inspirer aux enfants des princes l'amour de la vertu, afin qu'ils surpassent en bonnes œuvres ceux qu'ils doivent surpasser en dignité.* La guerre qu'il eut avec l'Angleterre fit renaître la marine; et il laissa une flotte formidable. Ce fut lui qui fit déclarer, à quatorze ans, la majorité des rois, pour remédier aux abus des régences. Les militaires alors étaient, pendant la paix, de véritables brigands, qui se croyaient toujours en pays ennemi. Charles fit tout ce qu'il put pour réprimer une licence aussi dangereuse. Il défendit à tout homme d'armes de se retirer sans la permission d'un officier supérieur ; de jamais rien exiger des bourgeois et des paysans , et de lever des compagnies sans une permission expresse.

Ce qui est encore étonnant dans ce siècle barbare, c'est qu'il fut le protecteur des arts et des lettres. Il disait souvent : *On ne peut trop honorer la science et ceux qui la cultivent : tant que la science sera dans le royaume , il prospèrera ; il tombera en décadence , quand elle en sera chassée.* C'est lui , en quelque sorte , qui est le fondateur de la bibliothèque célèbre que nous possédons. Le roi Jean ne lui avait laissé que vingt-quatre volumes ; il parvint à en rassembler neuf cents , parmi lesquels très peu d'auteurs de la bonne antiquité , pas un exemplaire de Cicéron ; mais beaucoup de livres d'astrologie judiciaire. C'est alors que notre poésie commença à être cultivée avec quelque honneur. Les Italiens avaient déjà le *Dante,* le *Trissin, Pétrarque* et *Boccace. Froissard ,* historien justement estimé , fit de mauvais vers, et n'en fut pas moins utile à notre histoire.

On savait si peu ce que c'était que poésie,
dans ce siècle grossier, que les poëtes passaient pour des sorciers dans l'esprit de
quantité de personnes, et l'inquisition leur
faisait la guerre. Les Romans se multiplè-
rent ; celui intitulé *Roman de la Rose*
est le seul qui ait survécu avec honneur.

On vit pour la première fois, à Paris,
une grosse horloge sonnante dans la cour
du Palais. C'était l'ouvrage d'un artiste
allemand, nommé *Henri de Wic.* Ce fut
ainsi que, sous le règne du sage *Charles V,*
les arts et les lettres prirent racine en
France, où ils ont par la suite été élevés
à un si haut degré de gloire. Charlemagne
fut le premier de nos rois qui avait fait
quelque chose pour eux ; mais la barbarie
avait été plus grande que jamais sous les
règnes suivants : tout était perdu ; *Charles*
eut l'honneur de redonner naissance à tout.

CLOVIS II.

Une horrible famine désole la France :
Clovis II, touché de la misère de ses peu-

ples, et ne sachant où trouver de quoi nourrir les pauvres, fit enlever les lames d'or et d'argent qui couvraient les tombeaux de Saint-Denis et de ses compagnons, et les distribua aux malheureux de son royaume. Dans ces temps d'ignorance et de superstition, les grands princes comprenaient que la compassion et l'amour pour leurs peuples devaient l'emporter sur une piété dure et aveugle. Clovis, pour dédommager les moines de l'abbaye de Saint-Denis, leur procura une exemption de toute juridiction ecclésiastique. Par cette conduite il apprit aux rois que, quelque pressants que soient les besoins de l'état, ils ne peuvent dépouiller leurs sujets sans leur accorder quelques dédommagements.

CODRUS,

Roi d'Athènes.

Codrus, descendant de Thésée, est moins célèbre par une naissance illustre qui ne voyait que celle des héraclides au-

Dévouement de Codrus.

dessus d'elle, que par une mort glorieuse et qui lui acquit une renommée immortelle : il se dévoua pour sa patrie. C'est une envie qui ne prend guère aux rois, qui croient pour la plupart que leurs sujets sont des victimes qui leur sont dues, et qui sont bien loin d'imaginer qu'ils se doivent eux-mêmes à leurs peuples. Il ne se dévoua d'ailleurs que pour procurer la liberté à Athènes en la faisant triompher des Doriens, et pour l'affranchir de la royauté qui finit avec sa vie. La monarchie se changea après sa mort en une république, dont Médon, l'un des fils de ce véritable père de la patrie, fut le premier souverain magistrat, sous le nom d'archonte. Quelle gloire que celle de Codrus, qui sacrifie à l'amour de son pays les deux biens qui sont le plus chers aux hommes, la vie et la royauté ! Que cette victoire qu'il obtint pour le salut de son peuple est belle, en comparaison de celles que les conquérants ne veulent obtenir qu'au prix du sang de leurs sujets, et en les rendant plus misérables, uniquement pour contenter leur ambition. Ah ! ce n'est pas assez d'avoir la valeur féroce d'un Achille qui remplit tout de carnage, pour être un héros; ce n'est pas même assez que les guerres que font les souverains soient justes: il faut encore qu'elles soient nécessaires; et le sang du peuple n'est pas si peu de chose qu'il puisse être versé pour le moindre sujet de colère ou de vengeance d'un prince qui se croira offensé.

CYRUS,

Roi des Perses.

Nous n'entrerons dans aucun détail sur la manière dont Cyrus échappa dans son enfance à la cruauté d'Astyage, son aïeul maternel, roi des Mèdes, qui avait ordonné qu'on le fît mourir en naissant, ni sur son éducation, ni sur sa reconnaissance à la cour d'Astyage; nous n'écrirons point l'histoire de ce conquérant de l'Asie; nous ne ferons que tracer celle de ses actions de clémence et de générosité. La première est, sans contredit, le traitement qu'il fit au roi des Mèdes, après l'avoir vaincu et fait prisonnier. Il se souvint moins de la cruauté avec laquelle il avait voulu le faire périr, que de ce qu'il devait à un prince qui était son aïeul. La politique ne voulait pas qu'il le renvoyât triomphant dans ses états, ni qu'il le maintînt sur le trône des Mèdes, où il avait été assis pendant trente - cinq ans. Mais, à cela près, il lui conserva sa dignité, et tous les honneurs dus à un grand roi. Quelques auteurs disent même qu'il lui donna, pour soutenir dignement son rang, le gouvernement d'Hircanie, qui pouvait passer pour un grand royaume. L'humanité de ce vainqueur n'éclata pas moins à l'égard de Crésus, roi de Lydie, allié d'Astyage, et qui subit le même sort que lui. Cyrus se fit toujours un plaisir de l'avoir auprès de sa personne, de prendre ses conseils, et de lui donner sa plus intime confiance. Il le traita toujours comme s'il avait encore possédé son royaume. Il lui en laissa une bonne partie avec la ville de Barène pour y tenir sa cour, où y faire une résidence qui approchât de la majesté royale.

Cyrus était clément envers ses ennemis, tendre et sensible avec ses amis, en tenant toujours auprès de lui un nombre qu'il avait choisi parmi les nations vaincues, aussi-bien que parmi ses sujets naturels. Il est vrai que les Perses avaient la prédilection. La fleur de son armée consistait en un corps de trente mille *homotimes*, comme on appelait ces troupes favorites, c'est-à-dire, d'une naissance noble. Ils tenaient un rang égal, comme ils faisaient profession d'une égale vertu et d'une égale valeur. C'était à eux qu'il adressait d'abord la parole, en les nommant ses amis et ses chers compatriotes, soit pour les animer au combat, soit pour leur recommander la discipline et l'équité qu'il voulait qu'on gardât avant et après la victoire. Il traitait les autres de bien-aimés et de vaillants hommes; et il avait pour tous des bontés dont on ne pouvait se défendre. Un conseil de ceux à qui il avait plus particulièrement donné sa confiance, tenait la première place dans son amitié; mais sa faveur était si bien dispensée, qu'il ne faisait point de jaloux, et leur préférence ne consistait guère que dans plus de témoignages particuliers d'estime. Du reste, ils avaient tous le privilége d'approcher de sa personne depuis le matin jusqu'au soir, souvent sans lui donner le moindre loisir. Il n'eût pas trouvé bon que ses favoris eussent rebuté qui que ce soit. S'il blâmait l'indiscrétion de quelques importuns, c'était avec une douceur qui n'avait rien d'impérieux ni d'offensant. Nous ne devons pas oublier une réponse que fit Cyrus à Astyage, quand ce prince l'eut reconnu pour son petit-fils. Il lui exaltait sa magnificence et ses trésors ; et, en attendant que sa mort l'en mît en possession, il lui demandait s'il ne voulait pas qu'il lui en fît part, et lui offrait de lui en donner autant qu'il le souhaiterait : *Je n'ai besoin de rien étant avec vous,* lui dit Cyrus, *et l'or et l'argent ne me tentent point. Je ne refuse pourtant pas d'accepter les libéralités que vous me voudrez faire, mais ce sera pour les distribuer aux jeunes seigneurs qui sont auprès de moi.* Tels étaient les préludes de cette munificence qui anima Cyrus pendant tous les instants de sa vie. Ses officiers, ses peuples, ses soldats, ses prisonniers, les villes opprimées par la tyrannie, étaient sans cesse l'objet de ses bienfaits! Chose bien digne de remarque, jamais ses conquêtes ne faisaient de malheureux. Quelque nombreuses que fussent ses armées, les pays par où elles passaient n'en étaient point désolés; les lettres n'étaient pas moins cultivées, et le laboureur menait sa charrue et faisait ses moissons avec autant de tranquillité que dans la plus profonde paix. Les villes qui lui ouvraient leurs portes étaient traitées avec la même humanité que les campagnes; le soldat y entrait sans faire la moindre violence, et y vivait avec autant de frugalité et d'ordre que chez lui; on n'entendait parler, ni de vol ni de pillage, ni de viol ni de meurtre; ces crimes eussent été irrémissibles. Loin de ruiner d'aussi beaux pays, Cyrus les conservait comme un domaine acquis par sa générosité et par sa justice autant que par le bonheur de ses armes. Quelle différence d'un conquérant tel que Cyrus à ces persécuteurs couronnés du

genre humain, qui ne prennent les armes
que pour ravager les contrées où ils font
des irruptions, que pour charger de fers
les nations, que pour changer les villes
les plus florissantes, les campagnes les plus
fertiles, en vastes solitudes, en déserts!

La Perse avait ses anciennes lois; mais
outre que Cyrus, par son exemple, leur
donna une vigueur qu'elles n'avaient pas
avant son avénement à la couronne, il y
en ajouta de nouvelles, qui font un corps
complet de politique et de jurisprudence.
On y voit les crimes punis pour la première fois avec modération, les rechutes
avec plus de sévérité, les bonnes actions
libéralement récompensées, de sages maximes pour le gouvernement, de bons conseils pour les maintenir, et une grande
subordination dans tous les emplois,
véritable moyen d'éviter la confusion et
de faire observer les lois avec exactitude.
On y lit que les ministres qui composent
le conseil sont les yeux et les oreilles du
prince; par là, il se donne des leçons
aussi-bien qu'à ses ministres : il s'en fait
en se souvenant d'agir par leur médiation,

sans se reposer non plus qu'eux, comme le corps agit par la voie de ces deux organes pour ses fonctions : il fait des leçons à ses ministres en leur apprenant, par ces qualités qu'il leur donne, qu'ils ne doivent pas agir pour eux-mêmes, mais pour le prince qui est leur chef, et pour le corps de l'état.

Ces ministres doivent être instruits des anciennes maximes de la monarchie ; et le registre qu'on tient des choses passées doit servir de règle à la postérité. On y inscrit les services que chacun a rendus, afin qu'ils ne demeurent pas sans récompense. Rien n'est plus propre à exciter le zèle des bons citoyens, à donner de l'ardeur et de la vivacité à leur courage, et à leur affection pour le roi et pour la patrie.

On y voit encore le soin que Cyrus prend de l'agriculture, que ce prince a regardée avec raison comme une des principales sources de l'abondance et de la félicité. C'est pour cela qu'il honorait particulièrement de sa bienveillance et de ses faveurs ceux des satrapes dont le gouvernement était le mieux cultivé. Il ne pre-

nait pas moins de soin des travaux rusti-
ques que de ceux qui concernaient les armes, parce que, si ceux-ci veillent à la
sûreté du pays, ceux-là s'emploient à le
cultiver et à le rendre fertile.

Quelles leçons n'a-t-il pas laissées aux
jeunes princes destinés à la couronne! Il
voulait que dès l'âge de sept ans on les
tirât des mains des eunuques, pour leur
faire commencer leurs exercices ; qu'on
leur donnât à quatorze ans, pour maîtres,
quatre des plus sages de l'état, dont le
premier leur apprît le culte des dieux, le
second les accoutumât à dire la vérité et
à rendre la justice, le troisième leur en-
seignât à se tenir en garde contre les voluptés pour ne s'en pas laisser séduire,
et le quatrième fortifiât leur courage, et
leur inspirât cette noble confiance qui
fait les grandes ames et qui forme les
héros. Il voulait que ces jeunes princes
n'entendissent rien de malhonnête, et
qu'on rendît au roi un compte exact de
leur conduite, afin de dispenser les châtiments et les récompenses, selon qu'ils
l'auraient mérité. Il ordonnait qu'on éten-

dît ces instructions à la jeune noblesse du royaume qu'on élevait avec eux, et dont la Perse composait ce corps des *homotimes*, phalange invincible sous Cyrus.

J'ai parlé de la bataille qu'Astyage livra à son petit-fils, qui remporta une victoire complète, après avoir vu plier d'abord les siens, qu'il rallia et ramena au combat; mais j'ai oublié de dire que l'honneur de cette journée n'est pas moins dû au courage des dames de Perse qu'à la valeur de Cyrus. Les mères et les femmes des combattants ne voient pas plutôt, des murailles de Persépolis, près de laquelle la bataille se donnait, la fuite de leurs enfants et de leurs maris, qu'elles sortent, courent au-devant d'eux, leur reprochent leur lâcheté, les obligent à tourner visage contre l'ennemi qui les poursuivait, et à le poursuivre à leur tour avec plus de promptitude qu'ils ne lui avaient tourné le dos. En mémoire d'une si belle action, Cyrus ordonna que, toutes les fois que lui et ses successeurs feraient leur entrée dans la ville, au retour de quelque grande expédition, ils donneraient un festin aux dames,

et leur feraient présent d'une médaille
d'or ; coutume qui fut observée jusqu'au
roi Œsius. Ce prince avare, pour s'épargner une dépense si honorable et si juste,
passait toujours le long des murailles sans
entrer dans la ville. Il se rendit si odieux,
par son avarice et par sa cruauté, que les
Perses, après sa mort, déférèrent l'empire à Darius Codoman, d'un autre sang
que celui de Darius, dont la postérité fut
dépouillée du trône pour jamais. Alexandre, bientôt après, en renversa Darius ;
et ce conquérant, aussi magnifique que
vaillant, rétablit la libéralité de Cyrus,
lorsqu'il fit son entrée à Persépolis.

ÉPAMINONDAS.

ÉPAMINONDAS était né dans la pauvreté ; il eut la même indifférence pour
les richesses que pour la renommée : sévère à lui-même, il se réduisait aux simples besoins ; également insensible au plai-

sir et à la douleur, exempt de passions, il n'était occupé que du bien de l'état.

La ville de Thèbes célébrait une fête publique, et chaque Thébain, croyant de son honneur d'en augmenter l'éclat par sa dépense, n'y parut que parfumé des essences les plus exquises, et revêtu des habits les plus somptueux. Après la cérémonie, on devait se rendre les uns chez les autres, et terminer la fête par les délices d'une chère splendide. Au milieu de cette joie luxurieuse, Épaminondas seul, vêtu aussi simplement qu'à son ordinaire, pensif, se promenait dans la place publique; un de ses amis l'aborde, et lui reproche qu'il se refuse à la joie publique, et qu'il semble même éviter de parler à personne. *Mais si je fais comme les autres*, lui répondit Épaminondas, *qui restera pour veiller à la sûreté de la ville, lorsque vous serez tous ensevelis dans le vin et dans la débauche?*

Lorsqu'il fut à la tête du gouvernement de sa patrie, Artaxercès, qui recherchait l'alliance des Thébains, lui envoya de riches présents. Mais Épaminondas, sans

vouloir seulement permettre que l'ambassadeur du roi de Perse les lui présentât, le
renvoya en lui disant : *Si votre maître
ne desire rien que d'avantageux à ma
république, il n'est pas nécessaire qu'il
me sollicite ; mais si ses intentions sont
contraires à mes devoirs, faites-lui savoir qu'il n'est pas assez riche pour
acheter mon suffrage.*

Un de ses écuyers ayant reçu, contre
son ordre, une grosse somme pour la rançon d'un prisonnier, Épaminondas le fit
venir devant lui. *Rends-moi mon bouclier,* lui dit-il avec indignation, *et va
passer le reste de ta vie dans les délices
de l'oisiveté et de la mollesse ; c'est
sans doute ce que tu t'es proposé en
amassant de grandes richesses ; elles
t'attachent trop pour que tu puisses désormais t'exposer à la guerre comme tu
faisais lorsque tu étais pauvre.*

Épaminondas, après la bataille de Leuctres, disait que ce qui le flattait le plus
dans cette journée mémorable, c'était d'a-
voir remporté la victoire, du vivant de son
père et de sa mère.

Épaminondas, pour assurer le fruit de sa victoire, entra dans la Laconie avec son armée, et soumit la plupart des villes du Péloponèse. Il méritait des couronnes pour les services qu'il rendait à sa patrie : lorsqu'il y rentra, on le reçut comme un criminel d'état ; il avait gardé le commandement des troupes au-delà du terme fixé par les lois, crime capital dans une république. Épaminondas ne l'ignorait pas ; mais il savait aussi que, quand l'intérêt de la patrie parlait, il devait être seul écouté. C'est ce que le général thébain osa dire à ses concitoyens. Mais, voyant que ses ennemis avaient mis tout en œuvre pour irriter ses juges contre lui, et qu'il allait être condamné à mort, il s'accusa lui-même de la faute qu'il avait faite de n'avoir pas obéi à la loi, et consentit, puisqu'il le fallait, à servir d'exemple ; mais, avant que de mourir, il leur adressa ces paroles : *O Thébains, souffrez que je vous fasse une prière. Que la postérité, en apprenant mon supplice, en apprenne aussi la cause. Je meurs pour vous avoir heureusement conduits dans la Laconie, où nul ennemi n'avait pu pénétrer avant vous ; je meurs pour avoir porté dans ses villes et dans ses campagnes la désolation que son armée avait fait sentir la première à votre patrie ; je meurs pour avoir rétabli les Messéniens, pour avoir réuni les Arcadiens, pour avoir ruiné les Lacédémoniens ; je meurs enfin pour vos victoires, pour vos conquêtes, et pour avoir augmenté votre puissance. Je ne regretterai point la vie, si vous laissez à moi seul la gloire de toutes ces grandes actions, et si vous déclarez, par un monument consacré à la postérité, qu'elles ont été faites de mon chef, et sans votre aveu.*

Tous les juges restèrent interdits et confus ; et Épaminondas sortit de ce tribunal comme il avait coutume de sortir des combats, couvert de gloire, et généralement applaudi.

Il fut blessé mortellement dans le moment où, dans les plaines de Mantinée, il se jeta, avec l'élite de ses troupes, au milieu de la mêlée pour faire déclarer la victoire, encore incertaine, en sa faveur.

Emporté dans sa tente, il reçut tranquillement l'arrêt que les chirurgiens prononc-
cèrent, en déclarant qu'il expirerait aussitôt que le javelot qui le perçait au milieu du corps serait tiré. Il demanda l'issue de la bataille. *Les Thébains sont
victorieux*, lui répondit-on. *J'ai donc
assez vécu*, reprit-il, *puisque je laisse
Thèbes triomphante, la superbe Sparte
humiliée, et la Grèce délivrée du joug
de la servitude.* Après ces mots, il arra-
cha lui-même le trait fatal, et expira.

Épaminondas ne se maria jamais; et,
comme Pélopidas, son ami, lui disait qu'il
était dommage qu'un homme comme lui
ne laissât point d'enfants à la patrie, il
répondit : *La victoire de Leuctres est
ma fille, et elle est immortelle.*

Cornélius Népos termine l'histoire d'É-
paminondas par une observation qui montre en peu de mots tout ce que fut ce
grand homme. La république de Thèbes,
dit-il, avant la naissance d'Épaminondas
et après sa mort fut toujours soumise à
une puissance étrangère ; mais tant qu'il
la gouverna, elle domina toute la Grèce ;

ce qui fait voir qu'un seul homme vaut
quelquefois plus qu'une nation entière.

FABIUS MAXIMUS,

Dictateur Romain, l'an 217, avant notre ère.

Sa prudence lui fit donner le surnom
de *Temporiseur*, et ses services lui méri-
tèrent celui de *Bouclier de la patrie*,
que le sénat et le peuple lui décernèrent.
Dès son enfance il annonça ce qu'il serait.
Son caractère était déjà reposé, même
lent, taciturne, et peu porté vers les jeux
et les amusements du jeune âge. « On le
voyait aussi, dit Plutarque, dur d'enten-
dement; il avait peine à comprendre ce
qu'on lui enseignait, mais il était obéis-
sant à tous ceux avec qui il hantait : le
tout ensemble faisait que plusieurs, qui
ne le connaissaient que par dehors, ju-
geaient qu'il ne serait jamais qu'un lour-
daud et un niais; mais il y en avait d'autres qui, le considérant de plus près, aper-

cevaient en sa nature une constance im-
muable, et une magnanimité de lion. Et
lui-même depuis, étant excité par les affaires, donna bientôt à connaître que ce
qu'on estimait en lui bêtise, était gravité
qui ne s'émouvait en rien, et que ce qu'on
jugeait timidité était prudence ; ce qu'il
n'était pas hâtif et remuant en chose quelconque, était fermeté et constance. »

Il fut cinq fois consul, et triompha des
Liguriens dès son premier consulat. Mais
la plus grande gloire qu'il acquit fut dans
la guerre qu'il soutint contre Annibal.
Sans lui les Romains eussent été perdus ;
ils auraient été se détruire contre les forces des Carthaginois : il jugea qu'il valait
mieux laisser se dissoudre de lui-même
cet orage terrible, prêt à fondre sur Rome.
Annibal, en effet, dont l'armée était composée de diverses nations, et qui se trouvait trop éloigné de son pays, n'avait rien
tant à craindre que les délais. Fabius l'é-
puisa sans l'attaquer.

Son désintéressement était aussi grand
que sa prudence. Étant convenu, pendant
sa dictature, de racheter les prisonniers,

moyennant une somme d'argent, et le sénat, mécontent de cet accord, ne voulant pas lui donner la somme promise, Fabius, pour ne point manquer à sa parole, et laisser languir ses concitoyens dans la captivité, fit vendre une grande partie de son patrimoine, et racheta avec l'argent qui lui en revint tous les Romains restés entre les mains des Carthaginois. Il savait aussi employer l'art des ruses : ce fut par ce moyen qu'il prit Tarente ; ce qui fit dire au général carthaginois : *Les Romains ont donc aussi leur Annibal?* Ce dernier, lassé du soin qu'il prenait d'éviter le combat, lui fit dire un jour : *Si Fabius est aussi grand capitaine qu'il veut qu'on le croie, il doit descendre dans la plaine, et accepter la bataille.* Fabius répondit froidement : *Si Annibal est aussi grand capitaine qu'il le pense, il doit me forcer à la donner.*

Quand Cornélius Scipion voulut porter la guerre devant Carthage même, Fabius, qui ne prévit point l'effet qui devait en résulter, s'opposa de toutes ses forces à ce dessein, et continua de blâmer cette mesure comme téméraire, même après les premiers avantages de Scipion. Il ne fut point convaincu par le succès complet des armes romaines, car il mourut dans le temps qu'Annibal se disposait à quitter l'Italie. Il approchait alors de sa centième année. Les Romains contribuèrent aux frais de ses funérailles, non parce qu'il ne laissa point assez de bien, mais pour honorer plus dignement la mémoire de ce grand homme.

FABRICIUS,

Consul romain. — 278 avant Jésus-Christ.

Un des plus beaux spectacles de l'histoire romaine, est de voir Fabricius, pauvre et obligé de cultiver un champ pour sa propre subsistance, fouler à ses pieds les trésors des plus puissants monarques, et venir reprendre sa charrue après leur avoir dicté des lois. Cet illustre Romain pratiqua le désintéressement et la frugalité

au milieu même des licences des guerres,
et contribua encore plus par sa vertu que
par sa valeur à rendre Rome la maîtresse
du monde. Attaché inviolablement aux
principes de probité, il enseigna aux hommes qu'il y a des règles d'honneur, même
à l'égard des ennemis, qu'on ne peut violer
sans crime.

Les Samnites, auxquels il avait rendu
de bons offices, voulurent lui marquer
leur reconnaisance : ils lui envoyèrent des
ambassadeurs qui étaient chargés de lui
présenter une somme considérable, dont
il paraissait avoir besoin. Fabricius, sans
leur faire d'autre réponse, porte la main
à ses oreilles, à ses yeux et à sa bouche.
Tant que je pourrai commander, leur
dit-il ensuite, *à toutes ces parties que
je viens de toucher, vos offres me seront inutiles.* Et il les renvoya.

Pyrrhus, voulant éprouver son courage,
commanda à ses gens que, tandis qu'il
serait à s'entretenir avec lui, ils fissent
approcher son plus grand éléphant derrière une tapisserie. Fabricius n'avait jamais vu aucun de ces animaux : l'ordre du

roi fut rempli, et, à un signe convenu, la tapisserie fut tout à coup enlevée, et l'éléphant parut, jetant un cri terrible, et levant sa trompe sur la tête de Fabricius. Celui-ci, sans se troubler, se retourna, et dit à Pyrrhus en souriant : *Votre éléphant ne m'émeut pas plus aujourd'hui, que votre or hier.* Étant à table avec ce prince, il écouta la conversation, qui roulait sur la morale d'Épicure, qui met le souverain bien de l'homme dans le plaisir, dans la fuite des affaires, et qui suppose que les dieux ne se mêlent nullement de ce qui se passe sur la terre. *O dieux souverains !* s'écria Fabricius, *faites que Pyrrhus et les Samnites professent cette morale, tant qu'ils seront en guerre avec nous !*

Pyrrhus, frappé de sa sagesse et de sa vertu, desira plus que jamais d'avoir la paix avec la république qui produisait de tels citoyens ; il le supplia de faire en sorte que cette paix eût lieu, l'engageant de venir ensuite près de lui, pour y occuper le premier rang dans les affaires et dans son amitié. *Seigneur*, lui répondit le général romain, *vous êtes un grand guerrier ;*

mais vos peuples gémissent dans la misère : les impôts les accablent, je les en déchargerais ; ils tremblent pour leurs possesions, je les leur assurerais ; ils vous honorent maintenant, mais ils se seraient bientôt attachés à moi ; aujourd'hui votre favori, je deviendrais demain votre maître.

Fabricius étant devenu consul, reçut une lettre du médecin de Pyrrhus, qui promettait, moyennant une récompense, de délivrer Rome de ce prince par le poison. Le consul romain écrivit aussitôt à Pyrrhus : *Tu as bien mal choisi tes amis et tes ennemis, ainsi que tu le verras par la lettre d'un de tes gens que nous te renvoyons, puisque tu fais la guerre aux gens de bien, et que tu te confie aux méchants. L'avis que nous te donnons est moins pour te plaire que dans la crainte que ta mort ne nous soit imputée à trahison, comme si nous ne pouvions te vaincre par notre courage.*

La sévérité des mœurs de ce Romain le fit choisir pour censeur avec *Émilius*

Pappus, homme aussi austère que lui. Fabricius avait pour toute argenterie une petite salière dont le pied n'était que de corne; Émilius Pappus avait seulement un petit plat pour faire ses offrandes aux dieux.

Cornelius Rufinus, homme d'une avarice sordide, et décrié par ses injustices, briguait le consulat; aucun de ses compétiteurs n'avait ses qualités militaires. La république avait besoin, dans les circonstances présentes, d'un bon général. Fabricius appuya la demande de Rufinus, et il fut élu consul. Celui-ci vint l'en remercier; tout étonné d'une protection à laquelle il ne s'était point attendu. *Vous ne m'avez aucune obligation*, répondit Fabricius; *j'aime encore mieux être pillé par le consul, qu'emmené captif par les ennemis.*

Fabricius ne démentit jamais par sa conduite particulière l'austérité qu'il professait en public; il se nourrissait des légumes que lui-même cultivait; enfin il vécut et mourut pauvre.

FRÉDÉRIC II,

Roi de Prusse. — Né le 24 janvier 1712, et mort le 17 août 1786.

FRÉDÉRIC II, roi de Prusse et électeur de Brandebourg, né, comme l'empereur Julien, avec le génie et tous les talents qui forment les héros, les philosophes et les savants, a passé, comme lui, ses premières années dans le commerce assidu des muses et de la philosophie; comme lui, il s'est proposé pour modèle Marc-Aurèle-Antonin, qu'il a étudié avec le même zèle, mais qu'il a imité avec plus de succès; Frédéric, en un mot, réunit supérieurement en lui seul l'esprit et la délicatesse, l'activité et l'intrépidité de Julien, avec la modération, la sagesse, les principes et la pratique des vertus héroïques de Marc-Aurèle.

L'Europe a admiré ses exploits, sans en être étonnée; elle les avait prévus : elle savait depuis long-temps qu'il serait l'ame et la main de toutes ses entreprises; qu'il les concerterait en sage qui prévoit et analyse tous les événements , et qu'il triompherait en héros qui, sans rien espérer ni rien craindre des caprices de la fortune , sait unir, en toute occasion, l'exemple le plus prompt aux leçons les plus réfléchies , et faire servir au succès de ses armes les revers mêmes qu'elles essuient. Quel prince a jamais donné plus de réalité à la réputation qui l'annonçait, et plus de solidité à une estime si universelle ? Mais , quelque célébrité que lui ait acquis son génie militaire , c'est à des titres plus sublimes encore que celui d'exceller dans l'art de la guerre , et d'en dicter en vers harmonieux la profonde théorie , que Frédéric a mérité les surnoms de *Grand* et de *Salomon du Nord*. C'est sur des maximes et des actions bien plus dignes de l'humanité et de la philosophie, qu'il a établi les fondements de son règne et de sa gloire.

Avant que d'être roi, son cœur lui avait appris à régner : le desir d'être homme sur le trône, de former des hommes et de les rendre heureux, était dès lors son unique passion ; et c'est à la satisfaire qu'il a toujours dévoué ses talents, ses lumières, sa politique, ses loisirs mêmes et son amour pour les muses. Il était encore jeune, lorsque, pour se former lui-même à la sagesse, à la vertu et au grand art du gouvernement, il composa l'*Anti-Machiavel*, ouvrage immortel, où, en ne pensant donner des leçons qu'à lui seul, il en a dicté d'inestimables à tous les rois, et les plus capables d'influer généralement sur le bonheur des hommes. Les principes de Machiavel n'inspirent aux princes que l'abus du pouvoir souverain et le funeste plaisir de se livrer indifféremment à toutes leurs passions ; ceux de Frédéric ne tendent, au contraire, qu'à les rendre ce qu'ils doivent être en effet, les *images vivantes de la divinité ;* et à les faire régner essentiellement sur leurs sujets, par la justice et la magnanimité, la bonté et la prudence.

La philosophie monta avec lui sur le trône, et bientôt il donna l'exemple des vertus dont il avait publié les maximes. Après avoir assuré la tranquillité de ses états, en rendant ses peuples respectables par leur valeur, leur discipline et leur intrépidité dans les combats, il ne s'occupa plus que de l'exécution de ses projets pour leur félicité civile. Pénétré de ce principe, que *le dépôt le plus précieux que le ciel ait confié aux princes , c'est la vie de leurs sujets,* et que la justice elle-même doit être unie à la clémence, l'un des premiers objets de ses soins a été la réforme des lois de son royaume, et particulièrement des lois pénales. Le code nouveau, qui porte son nom, abolit celles qu'il n'a pu concilier avec l'humanité; entr'autres, les questions que l'on faisait subir aux accusés; et rien n'égale sa vigilance à empêcher que les juges ne s'arrêtent plus à la lettre de ses lois qu'à leur esprit. A l'exemple de Julien, il ne permit point qu'aucun arrêt fût exécuté, qu'il ne l'eût lu auparavant; et, le plus souvent, il ne le confirma qu'après l'avoir mitigé. C'est ainsi que ce prince philosophe se fit un plaisir délicat de pratiquer le conseil qu'il avait donné de *n'infliger des peines qu'au-dessous de l'offense.* S'il est des occasions où les lois sont sévères, jamais du moins elles ne sont cruelles : sa sagesse les a dictées contre les coupables; et sa clémence les a modérées pour les hommes.

En même temps qu'il signalait sa philosophie par ces actes essentiels d'humanité, il encourageait les arts, il favorisait le commerce, il excitait l'industrie, il établissait des manufactures ; et, par ces moyens si doux de faire prospérer un état, et de le rendre florissant, avec quel succès n'a-t-il pas augmenté les forces de ses sujets, en leur procurant l'abondance ? Nous n'entrerons, à cet égard, dans aucun détail particulier, et d'autant moins que personne n'ignore les grandes choses que le roi de Prusse a faites pour le bonheur de ses peuples, dont il a eu la gloire qu'il ambitionnait d'être le législateur, le bienfaiteur et le père.

Au milieu de ces occupations si importantes, Frédéric, ami fidèle des lettres et des sciences, n'a point cessé de les cultiver ni de les honorer dans la personne des savants ; et, dans ses principes même, il se serait cru moins heureux et moins digne de la couronne, s'il n'eût pas partagé avec elles les moments qu'il dérobait aux affaires politiques. Jamais moments dérobés furent-ils employés plus utilement? Jamais loisirs aussi courts ont-ils donné naissance à tant d'ouvrages?

C'est dans ces instants précieux que le roi de Prusse a composé les Annales de son auguste maison, et que, tantôt en prose élégante, tantôt dans le style brillant des muses, il a traité, avec autant de lumières, de précision et de philosophie, que d'érudition et de délicatesse, les points les plus essentiels d'une sage politique, les lois, les principes des mœurs, les erreurs de l'esprit humain, les passions, le sentiment, les vices et les ridicules de son siècle. La philosophie ne s'est jamais exprimée avec plus d'esprit et d'urbanité que dans les ouvrages de ce grand prince ; et notre langue semble avoir acquis un nouveau degré de gloire sur toutes les autres, par le choix qu'il a fait d'elle, pour servir d'organe à ses sentiments, à ses pensées et à ses maximes. Celles que nous rassemblons aujourd'hui, sous le titre de *Pensées choisies de Frédéric,* prouveront, avec plus d'énergie que tout ce que nous pourrions encore ajouter à son portrait, sa parfaite ressemblance avec ses modèles.

PENSÉES CHOISIES

DE FRÉDÉRIC.

DES ROIS.

LA véritable politique des rois consiste à surpasser leurs sujets en vertu, afin qu'ils ne se voient pas obligés de condamner en d'autres ce qu'ils autorisent en leur personne. Des actions brillantes ne suffisent point pour établir leur réputation ; il faut des actions qui tendent au bonheur du genre humain.

.....Les bons princes regardent le pouvoir qu'ils ont sur la vie de leurs sujets comme le poids le plus pesant de leur couronne. Ils savent qu'ils sont hommes comme ceux qu'ils doivent juger ; ils savent que d'autres injustices peuvent se réparer, mais qu'un arrêt de mort précipité est un mal irréparable. Ils ne se portent à la sévérité que pour éviter une rigueur plus fâcheuse. Il serait cependant à souhaiter, pour le bonheur du monde, que les princes fussent bons, sans être cependant trop indulgens, afin que la bonté fût

en eux toujours une vertu, et jamais une faiblesse.

Je voudrais qu'un prince ne songeât qu'à rendre son peuple heureux. Un peuple heureux
craint plus de perdre son prince, qui est en
même temps son bienfaiteur, que ce souverain
même ne peut appréhender pour la diminution
de sa puissance.

Les souverains qui regardent leurs sujets
comme leurs esclaves, les hasardent sans pitié,
et les voient périr sans regret; mais les princes
qui considèrent les hommes comme leurs égaux,
et qui envisagent le peuple comme le corps dont
ils sont l'ame, sont économes du sang de leurs
sujets.

Heureux sont les princes dont les oreilles aiment à entendre la vérité, lors même qu'elle
est prodiguée par des bouches indiscrètes! Mais
c'est un effort de vertu, dont peu d'hommes sont
capables.

C'est la justice qui doit faire le principal objet d'un prince; c'est le bien des peuples qu'il
gouverne, qu'il doit préférer à tout autre intérêt. Le souverain, bien loin d'être le maître
absolu des peuples qui sont sous sa domination,
n'en est que le premier magistrat.

..... Un prince a besoin de l'amitié du peuple,
faute de quoi, il n'a point de ressource dans
l'adversité.....

Combien est déplorable la situation des peuples lorsqu'ils ont tout à craindre de l'abus du pouvoir souverain ; lorsque leurs biens sont en proie à l'avarice du prince, leur liberté à ses caprices, leur repos à son ambition, leur sûreté à sa perfidie, et leur vie à ses cruautés ! C'est là le tableau tragique d'un état où règnerait un prince comme Machiavel prétend le former.

Les inondations qui ravagent des contrées, le feu du tonnerre qui réduit des villes en cendres, le poison de la peste qui désole des provinces, ne sont pas aussi funestes au monde que la dangereuse morale et les passions effrénées des rois. Les fléaux célestes ne durent qu'un temps ; ils ne ravagent que quelques contrées ; et ces pertes, quoique douloureuses, se réparent ; mais les crimes des rois font souffrir bien long-temps des peuples entiers.

En vertu de quoi un homme peut-il former le dessein d'élever sa puissance sur la misère et sur la destruction des autres hommes ? Et comment peut-il croire qu'il se rendra illustre en faisant des malheureux ?

.... Maintenir le gouvernement civil avec vigueur, et laisser à chacun la liberté de conscience ; être toujours roi et ne jamais faire le prêtre, c'est le sûr moyen de préserver son état des tempêtes que l'esprit dogmatique des théologiens cherche souvent à exciter. Les querelles de parti ne sont que des étincelles passagères quand le souverain ne s'en mêle pas; et elles deviennent des embrasements lorsqu'il leur donne du poids.

Il n'est aucun soin plus digne d'un législateur que celui de l'éducation de la jeunesse. Dans un âge encore tendre, ces jeunes plantes sont susceptibles de toutes sortes d'impressions. Si on leur inspire l'amour de la vertu et de la patrie, ils deviennent de bons citoyens, et les bons citoyens sont les derniers remparts des empires. Si les princes méritent nos louanges en gouvernant leurs peuples avec justice, ils enlèvent notre amour en étendant leurs soins jusqu'à la postérité.

Je ne veux interdire aux princes aucun plaisir honnête; mais le soin de bien gouverner, de rendre son état florissant, de protéger, de voir le succès des arts, est, sans doute, le plus grand des plaisirs; et malheureux le prince à qui il en faut d'autres!

..... Ce sont les flatteurs, et plus qu'eux encore les calomniateurs, qui méritent la condamnation et la haine du public, de même que tous ceux qui sont assez ennemis des princes pour leur déguiser la vérité.....

Les rois honorent l'humanité lorsqu'ils distinguent et récompensent ceux qui lui font le plus

d'honneur, et qu'ils encouragent ces esprits su-
périeurs qui s'emploient à perfectionner nos
connaissances, et qui se dévouent au culte de la
vérité.

Je soutiens qu'un prince, pour faire de grandes
choses, doit passer pour libéral, et qu'il doit
l'être. Je ne connais point de héros qui ne l'ait
été. Afficher l'avarice, c'est dire aux hommes.
N'attendez rien de moi, je paierai toujours mal
vos services; c'est éteindre l'ardeur que tout sujet a naturellement de servir son prince. Le cardinal de Retz a raison quand il dit que « dans les
« grandes affaires, il ne faut jamais regarder à
« l'argent. » Que le souverain se mette donc en
état d'en avoir beaucoup à propos, en favorisant
le commerce et l'industrie de ses sujets, afin
qu'il puisse en dépenser beaucoup à propos; il
sera aimé et estimé.

Cicéron disait à César : « Vous n'avez rien de
« plus grand dans votre fortune que le pouvoir
« de sauver tant de citoyens, ni de plus digne de
« votre bonté que la volonté de le faire. » Il
faudrait donc que les peines qu'un prince in-
flige fussent toujours au-dessous de l'offense, et
que les récompenses qu'il donne fussent toujours
au-dessus du service.

DES LOIS.

Peu de lois sages rendent un peuple heureux;
beaucoup de lois embarrassent la jurisprudence.

6

Par la raison qu'un bon médecin ne surcharge pas ses malades de remèdes, le législateur habile ne surcharge pas le public de lois superflues : trop de médecines se nuisent et empêchent réciproquement leurs effets ; trop de lois deviennent un dédale où les jurisconsultes et la justice s'égarent.

Les juges ont deux piéges à craindre ; celui de la corruption et celui de l'erreur : leur conscience doit les garantir des premiers, et les législateurs, du second. Des lois claires, qui ne donnent pas lieu à des interprétations, y sont un premier remède, et la simplicité des plaidoyers le second....

..... Si l'on s'occupe à vétiller sur les termes en composant des ouvrages d'esprit frivoles, à combien plus forte raison les termes de la loi méritent-ils d'être pesés scrupuleusement ?....

DE LA RELIGION.

Il n'y a aucune religion qui, sur le sujet de la morale, s'écarte beaucoup des autres ; ainsi elles peuvent être toutes égales au gouvernement. Que chacun soit bon citoyen, c'est tout ce qu'on lui demande. Le faux zèle est un tyran qui dépeuple les provinces ; la tolérance est une tendre mère qui les soigne et les fait fleurir.....

DE LA GUERRE.

..... La guerre est une resssource dans l'extrémité : il ne faut s'en servir que dans des cas désespérés, et bien examiner si l'on y est porté par une illusion d'orgueil ou par une raison solide.....

L'institution du soldat est pour la défense de la patrie : les louer à d'autres, comme on vend des dogues et des taureaux pour le combat, c'est, ce me semble, pervertir à la fois le but du négoce et de la guerre. On dit qu'il n'est pas permis de vendre les choses saintes : Eh! qu'y a-t-il de plus sacré que le sang des hommes?

DES SCIENCES ET DES ARTS.

La marque la plus sûre qu'un pays est sous un gouvernement sage et heureux, c'est lorsque les beaux-arts naissent dans son sein. Ce sont des fleurs qui viennent dans un terrain gras et sous un ciel heureux, mais que la sécheresse ou le souffle des aquilons fait mourir. Rien non plus n'illustre plus un règne que les arts qui fleurissent sous son abri.

Les siècles précieux s'annoncent par le nombre des grands hommes en tout genre qui naissent à la fois. Heureux sont les princes qui viennent au monde dans des conjonctures aussi favorables ! Les vertus, le talent, le génie, les emportent, d'un mouvement commun avec eux, aux choses grandes et sublimes.

..... Les hommes ont plus cultivé leur esprit :

ils en sont moins féroces ; et peut-être est-ce une obligation qu'on a aux gens de lettres, qui ont poli l'Europe.

Il n'est aucun plaisir plus propre à nous séduire ,
Que cette avidité d'apprendre et de s'instruire ;
C'est peut-être le seul qui souffre des excès ,
Et que le noir remords n'accompagne jamais.

Si l'appas de la gloire en secret vous attire ,
Apprenez qu'aux talents elle offrit son empire ,
Et que la Renommée eut les mêmes égards
Pour les fils d'Apollon que pour les fils de Mars.
. . . . : . . . .
L'époque des beaux-arts est celle des grands hommes.
. . . .
Étendre notre esprit est pour nous un devoir.
. . . .
La sagesse prospère où périt la sottise.
. . . . , .
Végéter , c'est mourir ; beaucoup penser , c'est vivre.

DE L'HISTOIRE.

L'histoire est regardée comme l'école des princes; elle peint à leur mémoire les règnes des souverains qui ont été les pères de la patrie, et des tyrans qui l'ont désolée.... Le blâme dont elle couvre les hommes vicieux qui ne sont plus, est une leçon de vertu qu'elle fait à la génération présente : l'histoire paraît lui révéler quels seront sur elle les arrêts de la postérité.

On ne devrait conserver dans l'histoire que les

noms des bons princes, et laisser mourir à jamais ceux des autres avec leur indolence, leurs
injustices et leurs crimes. Les livres d'histoire
diminueraient, à la vérité, de beaucoup; mais
l'humanité y profiterait, et l'honneur de vivre
dans l'histoire, de voir son nom passer des siècles futurs jusqu'à l'éternité, ne serait que la récompense de la vertu.

Un ouvrage écrit sans liberté ne peut être que
médiocre ou mauvais : on doit moins respecter
les hommes, qui périssent, que la vérité, qui ne
meurt jamais.

DE LA BIENFAISANCE.

Quel que soit le pouvoir qui nous tombe en partage,
Que le bien des humains soit toujours notre ouvrage.
C'est un plaisir divin de faire des heureux.....
Surtout n'abusons pas d'une vaste puissance,
Et n'écoutons jamais la voix de la vengeance.
Qui ne peut se dompter, qui ne sait pardonner,
Est indigne du rang qui l'appelle à régner....

. . . .

.... Tous ces humains dont la terre fourmille
Sont fils d'un même père et font une famille ;
Et malgré tout l'orgueil que donne votre rang,
Ils sont nés vos égaux, ils sont de votre sang.
Ouvrez toujours le cœur à leur plainte importune,
Et couvrez leur misère avec votre fortune.
Voulez-vous, en effet, paraître au-dessus d'eux :
Montrez-vous plus humain, plus doux, plus vertueux.

Tels ont·été les rois dont l'immortelle gloire
Se grave en lettres d'or au temple de mémoire;
Leur ame juste et pure, et surtout leur bonté,
Ennoblit à mes yeux la faible humanité.
Mon cœur en les nommant est ému de tendresse :
On fait en leur faveur grace à toute l'espèce

Qu'il est beau, Lycaon, de faire des ingrats !...
. . . . un noble caractère,
Ne trouve en sa grandeur de plaisir qu'à bien faire.
. . . . , ...
Notre grand édifice est la société ;
Tout citoyen concourt à son utilité :
L'embellir n'est pas tout ; et, pour le dire encore,
La bonté la soutient, quand l'orgueil la décore.
. . . .
Quel que soit le beau rang qu'on tienne en sa patrie,
De la totalité l'on fait toujours partie :
L'état vous reconnait pour un maître perclus,
Si par vous les humains ne sont pas secourus.
. . . .
Un grand doit protéger l'innocente vertu....
. . . . , ...
Sa bonté doit surtout annoncer sa puissance.
. . . .
Nous ne sommes enfin maîtres que du présent.
A différer le bien souvent l'homme s'abuse :
        Jouissons de ce·seul instant,
Peut-être que demain le ciel nous le refuse.

GUSTAVE WASA,

Roi de Suède, né en 1450, et mort en 1560.

GUSTAVE, fils d'Éric Wasa, duc de
Gripsbalm, parvint au trône par un courage peu commun. Christiern II, roi de
Danemarck, s'étant emparé de la Suède
en 1520, fit enfermer le jeune duc dans les
prisons de Copenhague. Hardi, entreprenant, Gustave trouva le moyen de s'é-
chapper des fers, et se retira dans les
montagnes de la Dalécarlie, où il erra
long-temps. Son guide le vola, et le laissa
absolument sans ressource. Un autre eût
succombé à ce malheur. Gustave était au-
dessus du malheur même : il pouvait travailler aux mines de cuivre, et c'est ce
qu'il fit sans répugnance. Quoique abattu
par la fortune, il ne désespérait de rien
cependant, et songeait sans cesse à venger
sa patrie. Il vint à bout de soulever les
Dalécarliens, se mit à leur tête, chassa
Christiern, et reprit Stockholm. Dans le

transport de leur admiration, les Suédois le choisirent pour roi, en 1523. Il était digne de commander aux hommes, et bientôt ses grandes qualités firent compter la Suède au nombre des nations prépondérantes de l'Europe. Il établit dans ses états le luthéranisme, s'empara d'une partie des biens du clergé, en laissant cependant au peuple, qui murmurait, quelques évêques, dont il avait diminué les revenus et le pouvoir. Il fit ensuite, aux états de Westeras, en 1544, déclarer la couronne héréditaire. « C'était, dit Raynal, un homme supérieur, né pour l'honneur de sa nation et de son siècle, qui n'eut point de vices, peu de défauts, de grandes vertus, et encore de plus grands talents. » Il mourut en 1560, âgé de soixante et dix ans.

HENRI IV,

Roi de France.

Il pardonna souvent, il régna sur les cœurs,
Et des yeux de son peuple il essuya les pleurs.
VOLTAIRE.

Voilà le roi de nos rois, celui dont les Français ne prononcent jamais le nom sans éprouver un sentiment d'amour et de reconnaissance. Par un rare bienfait du ciel, ce prince réunissait l'esprit de l'homme aimable et la bonté qui gagne les cœurs, l'adresse du politique et la franchise d'un homme de bien, l'affabilité la plus attrayante et la grandeur qui en impose, le courage d'un soldat et les talents d'un grand capitaine, enfin la sensibilité la plus vive et les vertus qui font les meilleurs rois. Mais, quelque grandes et précieuses que fussent la plupart de ses qualités, la bonté de son cœur passait encore avant tout : on se souvient bien qu'il était brave, mais on se souvient mieux qu'il

6.

était bon..... Le bon HENRI! ce mot dit
beaucoup, surtout quand il sort de la bouche du peuple. Heureux les rois qui méritent ce surnom si simple et si rare, et
qui l'obtiennent du pauvre! Ils ont atteint
le but que la Providence leur a désigné;
ils sont vraiment rois, car ils font le bonheur du genre humain.

Henri IV, roi de France et de Navarre,
naquit le 13 décembre 1553, dans le château de Pau, capitale du Béarn, d'*Antoine de Bourbon* et de *Jeanne d'Albret. Henri d'Albret*, son grand-père,
fit promettre à sa fille qu'à l'enfantement
elle lui chanterait une chanson gasconne,
afin, lui dit-il, *que tu ne me fasses point
un enfant pleureur et rechigné*. Au moment de l'accouchement, il se présenta
avec une magnifique boîte d'or et une
chaîne de pareil métal, et les promit à sa
fille, si elle acquittait sa promesse. Elle
chanta effectivement un couplet en langue
béarnaise, dans les plus grandes douleurs.
Le roi de Navarre mit aussitôt la chaîne
au cou de sa fille, et lui donna ensuite la
boîte, en disant, *Voilà qui est à vous,*

ma fille ; mais, ajouta-t-il en prenant l'enfant dans sa robe, *ceci est à moi ;* et il l'emporta dans sa chambre. Curieux d'en faire un homme, afin qu'il devînt meilleur prince, Henri d'Albret ne permit pas qu'on le nourrît avec délicatesse, « Sachant bien, dit Péréfixe, que dans un corps mou et tendre, il ne loge ordinairement qu'une ame molle et faible. Il défendit aussi qu'on le revêtit de riches habits, qu'on le flattât, et qu'on le traitât de prince, parce que toutes ces choses ne font que donner de la vanité, et élèvent le cœur des enfants plutôt dans l'orgueil que dans les sentiments de la générosité : mais il ordonna qu'on l'habillât et qu'on le nourrît comme les autres enfants du pays ; qu'on lui donnât du pain bis, du bœuf, du fromage, de l'ail ; qu'on le fît marcher pieds et tête nus ; qu'on l'accoutumât à courir et à grimper sur les rochers, à cause que, par ce moyen, on le faisait à la fatigue, et que, pour ainsi dire, on donnait une trempe à ce jeune corps pour le rendre plus dur et plus robuste ; ce qui, sans doute, fut très avantageux à un prince qui devait tant supporter de fatigues dans le cours sa vie. »

Lorsqu'il fut assez âgé, on lui donna pour précepteur un homme vertueux, nommé *la Gaucherie* (1), qui lui inculqua cette franchise et cette probité qui lui firent tant d'honneur par la suite. Il était alors à la cour de France, où il n'avait sous les yeux que des exemples de vices et d'intrigues, qui, heureusement, ne gâtèrent point les excellentes dispositions qu'il avait reçues de la nature.

Le 22 mars 1594, il entra dans Paris par le moyen du comte de Brissac, qu'il fit sur-le-champ maréchal de France : Il n'en coûta la vie qu'à un corps-de-garde de lansquenets, et à deux ou trois bourgeois qui couraient pour animer le peuple

---

(1) On doit bien s'attendre que je n'écrirai point la vie de ce monarque bienfaisant ; je ne rapporterai que les traits de bienfaisance, suivant mon titre et le plan que je me suis tracé : ils sont consignés dans tous les mémoires du temps, dans l'histoire de Péréfixe, dans les mémoires de Sully, de Villeroi, etc.

à prendre les armes. Ce prince usa dans cette rencontre de tant de bonté et de clémence, qu'il gagna tous les cœurs. La duchesse de Montpensier écrivit au duc de Mayenne son frère, et au duc de Guise son neveu, qu'elle leur conseillait de s'accommoder promptement avec Henri, s'ils ne voulaient pas demeurer tous seuls, étant impossible, vu la façon dont il agissait avec ses plus cruels ennemis, que tout le monde ne les quittât, et ne se donnât à lui.

La duchesse se trouvait alors à Paris, et croyait avoir tout à craindre : le roi lui fait une visite, lui parle avec la même bonté que si elle se fût toujours déclarée pour lui, et lui demande la collation. Il s'aperçoit qu'elle voulait faire elle-même l'essai de tous les mets, avant qu'il y touchât; il s'y oppose en lui disant qu'elle est d'un sang qui n'a jamais empoisonné personne, et qui sait bien d'autres moyens de se venger de ses ennemis.

Le duc de Guise avait à peine conclu son traité avec le roi, que les bourgeois de Rheims viennent trouver M. de Rosni pour lui dire qu'on les faisait trop languir;

que le duc de Guise marchandait trop ; que, pour eux, leurs mesures étaient si bien prises, qu'ils étaient les maîtres de leur ville et du duc, et qu'ils mettraient l'une et l'autre en la puissance du roi. Le baron de Rosni porte cette nouvelle au roi, qui lui répond en souriant : *Voilà ce que c'est que la faveur d'un peuple volage et inconstant ; mais nous avons engagé notre parole, il faut la tenir.* On remercie les députés de leur bonne volonté sans accepter leurs propositions.

Le roi convoqua à Rouen une assemblée des notables de son royaume, et finit ainsi son discours, qui était plein de force et de dignité. *Je ne vous ai point ici appelés, comme faisaient les rois mes prédécesseurs, pour vous faire approuver ma volonté, mais bien pour entendre vos conseils et vos avis, pour les croire et suivre en tout et partout, comme si j'étais entré en tutelle, qui est une envie qui ne prend guère aux rois qui ont la barbe grise comme moi, et qui sont, grâce à Dieu, victorieux comme moi ; mais la grande affection*

*que j'ai pour mes sujets, et l'extrême en-
vie que j'ai qu'ils m'estiment aussi bon
et paisible que légitime roi , me feront
trouver bon tout ce que vous me con-
seillerez devoir faire.*

Gabrielle d'Estrées, si connue sous le
nom de la belle Gabrielle, assistait à l'ou-
verture de cette assemblée , derrière une
tapisserie ; elle entendit le discours du roi ,
qui voulut savoir ce qu'elle en pensait.
Elle avoua qu'elle n'avait jamais ouï mieux
dire, mais qu'elle était étonnée qu'il eût
parlé de se mettre en tutelle. *Ventre-
saint-gris ,* reprend le roi, *il est vrai ,
mais je l'entends avec mon épée au
côté.*

Henri IV sortait du bal, et venait de se
mettre au lit, quand on lui apprit la nouvelle que les Espagnols avaient surpris
Amiens. *Allons ,* dit-il en se levant, *c'est
assez faire le roi de France, il est temps
de faire le roi de Navarre.* Il fait ses dispositions , assiége la ville et la reprend
en présence d'une armée de vingt-quatre
mille hommes, qui n'osa pas même approcher de lui. Le parlement de Paris étant
venu haranguer le roi à cette occasion ,

Messieurs, dit le roi, *voilà le maréchal de Biron que je présente également à mes amis et à mes ennemis.* C'était faire partager à Biron la gloire du succès, comme il avait partagé les dangers de l'entreprise.

Quelques troupes qui passaient en Allemagne pillent des maisons de paysans, et font du désordre en Champagne. Le roi dépêche aussitôt plusieurs capitaines, et leur dit : *Partez en diligence, donnez-y ordre ; vous m'en répondrez. Quoi ! si on ruine mes sujets, qui me nourrira? qui soutiendra les charges de l'état ? qui paiera vos pensions ? Vive dieu ! s'en prendre à mon peuple, c'est s'en prendre à moi.*

Les ambassadeurs suisses, au nombre de quarante-deux, viennent renouveler l'alliance entre les treize cantons et la France. Vers la fin du dîner qui suivit la cérémonie, le roi paraît au bout de la table, se fait apporter du vin, et boit à ses bons compères, amis et alliés, et oblige les cardinaux de Joyeuse et de Gondy d'en faire autant. Les ambassadeurs boivent aussitôt à la santé du roi, qui ne se retira qu'après avoir causé quelque temps avec eux.

Le prévôt des marchands et les échevins demandent au roi la permission de mettre un impôt sur les fontaines de Paris, pour en payer les festins que la ville donnait aux députés des cantons suisses. *Trouvez quelque autre expédient que celui-là*, répond le roi, *il n'appartient qu'à Jésus-Christ de changer l'eau en vin.*

Dom Pédro de Tolède passe par Paris en allant aux Pays-Bas. Henri IV le reçoit dans la galerie de Fontainebleau, s'y promène avec lui si long-temps, et à si grands pas, qu'il le met hors d'haleine; il s'arrête enfin, et lui dit: *Vous voyez, monsieur, comme je me porte bien, et le fond que vous devez faire sur les bruits qui courent en Espagne sur ma santé; ils ne m'effraient pas plus que sa puissance, dont j'aime à faire comparaison avec la statue de Nabuchodonosor, composée de plusieurs métaux, et qui a les pieds d'argile.* Dom Pédro, piqué de ce discours, en vint aux reproches et aux menaces. *Tout cela ne m'en impose pas*, reprend le monarque. *Si le roi votre maître continue ses attentats, je porterai le feu jusque dans l'Escurial, et on me verra bientôt à Madrid.* — François Ier y fut bien, répondit fièrement l'Espagnol. — *C'est pour cela*, répliqua le roi, *que j'y veux aller venger son injure, celle de la France et les miennes.* Puis baissant le ton de voix, il dit : *Monsieur l'ambassadeur, vous êtes Espagnol, et moi Gascon ; ne nous échauffons pas.* Alors, la conversation continua avec beaucoup de douceur et de politesse. (PÉRÉFIXE, histoire de Henri IV).

Le connétable de Montmorency, et les principaux officiers d'une armée qu'on assemblait, étaient restés à Paris pour assister à la cérémonie du couronnement de la reine. Le roi les rencontra au moment qu'il venait d'apprendre que les troupes avaient commis quelques désordres dans la campagne ; il leur dit : *Vous devriez être à mon armée ; quand mon peuple sera ruiné, qui me nourrira et vous aussi? Ceux qui me servent se doivent contenter de ce que je leur donne. Je veux que l'on déduise sur la taille ce que le peuple aura donné aux gens de guerre, et que l'on prenne sur la montre des gens de guerre ce qu'ils auront reçu du peuple. Cette égalité conservée, la discipline, qu'on estime si difficile, sera gardée en dépit des plus insolents et des plus incorrigibles.*

On exhortait Henri IV à traiter avec rigueur quelques places de la ligue qu'il avait réduites par la force. *La satisfaction qu'on tire de la vengeance ne dure qu'un moment*, dit ce généreux prince; *mais celle qu'on tire de la clémence est éternelle.*

Des sergens venaient d'arrêter l'équipage de La Noue pour des engagements que son illustre père avait pris en faveur de la bonne cause. Ce fier et valeureux officier alla se plaindre à l'instant d'une insolence si marquée. *La Noue*, lui répondit le roi, *il faut payer ses dettes; je paie bien les miennes.* Après ces mots, il le tira à l'écart et lui donna ses pierreries

pour les engager aux créanciers, à la place
du bagage qu'ils lui avaient pris.

La foule l'incommodait, et les capitaines des gardes voulaient faire retirer le
peuple. *Donnez-vous-en de garde*, leur
dit Henri; *j'aime mieux avoir plus de
peine, et que mon peuple me voie à son
aise.*

Quel prince montra plus d'intrépidité,
plus de générosité envers ses ennemis, envers ceux mêmes qui, poussés par un zèle
fanatique, en voulaient à sa vie? En 1610,
un officier flamand, au service d'Espagne,
nommé Michau, avait offert ses services
à ce prince, sous prétexte d'être mécontent de la cour de Madrid; mais, en effet,
pour trouver occasion de lui ôter la vie.
Henri, averti de ce projet, alla à la chasse,
accompagné seulement du traître, qui
était bien monté, et avait deux pistolets
bandés et amorcés. *Capitaine Michau*,
lui dit le prince, *mets pieds à terre, je
veux voir si ton cheval est aussi bon
que tu le dis.* Le ton de Henri en imposa
à l'assassin, qui obéit sans difficulté; le roi
saute à l'instant sur le cheval. *Veux-tu,*

ajouta-t-il, *tuer quelqu'un? On m'a dit que tu en voulais à mes jours; je suis le maître des tiens.* En disant ces mots, il lâche les deux pistolets en l'air, et lui ordonne de le suivre : le capitaine désavoua le complot, prit congé deux jours après, et ne parut plus. (DÉCADE DE HENRI LE GRAND).

Quelqu'un voulant engager ce bon prince à punir l'auteur d'une satire amère faite contre lui, intitulée l'*Ile des Hermaphrodites. Je ferais conscience*, lui dit-il, *de fâcher un homme qui dit la vérité.*

Les démêlés de Sully et de Gabrielle d'Estrées sont connus : l'on sait tous les efforts que cette maîtresse favorite fit pour perdre ce premier ministre ; et l'on ne se lasse point d'admirer cette belle réponse du roi à Gabriel : *Je me passerais mieux de dix maîtresses comme vous, que d'un serviteur comme lui.*

Peu de temps après la paix de Vervins, ce prince, revenant de la chasse, vêtu simplement, et n'ayant que quelques gentilshommes à sa suite, passa la rivière au quai Malaquais. Voyant que le batelier ne le connaissait pas, il lui demanda ce qu'on disait de la paix. *Ma foi, je ne sais pas ce que c'est que cette belle paix,* répondit le batelier; *il y a des impôts sur tout, et jusque sur ce misérable bateau, avec lequel j'ai bien de la peine à vivre. — Et le roi,* continua Henri, *ne compte-t-il pas mettre ordre à tous ces impôts-là ? — Le roi est un assez bon homme ; mais il a une maîtresse à qui il faut tant de belles robes, tant d'affiquets ! et c'est nous qui payons tout cela : passe encore si elle n'était qu'à lui ; mais on dit qu'elle se fait caresser par bien d'autres.*

Le roi, que cette conversation amusa beaucoup, envoya chercher le batelier le lendemain, et lui fit répéter devant la duchesse de Beaufort, tout ce qu'il avait dit la veille. La duchesse, fort irritée, voulait le faire pendre. *Vous êtes folle,* dit Henri, *c'est un pauvre diable que la misère met de mauvaise humeur. Je ne veux plus qu'il paie rien pour son ba-*

teau ; et je suis sûr qu'il chantera tous les jours , vive Henri, vive Gabrielle.

Un jour que Sully , qui était surintendant des finances, venait présenter les étrennes au roi, il le trouva encore au lit avec la reine. Le roi voulut qu'il entrât et lui montrât les étrennes. C'étaient des jetons d'or et d'argent pour leurs majestés, pour les dames d'honneur, et les filles de la reine. *Rosni* (le roi l'appelait toujours ainsi), *leur baillez-vous leurs étrennes sans venir les baiser? — Vraiment, sire, depuis que vous le leur avez commandé, je n'ai eu que faire de les en prier.— Or çà , Rosni, me direz-vous la vérité ? Laquelle baisez - vous du meilleur courage , et trouvez-vous la plus belle? — Ma foi , sire, je ne vous saurais dire ; car j'ai bien d'autres choses à faire qu'à penser à l'amour, ni à juger quelle est la plus belle ; je les baise comme des reliques , en leur présentant mon offrande. — Eh bien ! ne voilà- t-il pas , dit Henri en éclatant de rire , un prodigue financier que Rosni , de faire de si riches présents du bien de son maître pour un baiser.*

Ensuite, quand ceux devant qui il ne voulait pas tout dire eurent été congédiés, poussant doucement la reine qui dormait, ou faisait semblant de dormir, parce qu'elle était fâchée. *Réveillez-vous, dormeuse,* lui dit Henri, *et ne me grognez plus. Vous croyez que Rosni me flatte, aux petites brouilleries que nous avons ensemble; vous en penseriez tout autrement, si vous saviez les grandes libertés qu'il prend à me dire mes vérités. De quoi, encore que je me mette en colère, si ne lui en veux-je point de mal pour cela; car tout au contraire, je croirais qu'il ne m'aime plus, s'il ne me remontrait ce qu'il estime être pour la gloire et l'honneur de ma personne, l'amélioration de mon royaume et le soulagement de mes peuples. Car, voyez-vous, ma mie, il n'y a point d'esprits si droituriers qui ne trébuchassent tout-à-fait, s'ils n'étaient relevés lorsqu'ils choppent, par les admonitions de leurs loyaux serviteurs, ou bien intimes et prudents amis.* (MÉMOIRES DE SULLY.)

Henri IV n'avait pas quinze mille hommes, lorsqu'en 1593 il assiégea Paris, où il restait au moins deux cent mille habitants. Il aurait pu prendre cette ville par famine ; mais sa compassion pour les assiégés faisait que les soldats eux-mêmes, malgré les défenses des généraux, vendaient des vivres aux Parisiens. Un jour que, pour faire un exemple, on allait pendre deux paysans qui avaient amené des charrettes de pain à une poterne, Henri les rencontra en allant visiter ses quartiers : ils se jetèrent à ses genoux, et lui remontrèrent qu'ils n'avaient que ce moyen pour gagner leur vie. *Allez en paix,* leur dit le roi en leur donnant aussitôt l'argent qu'il avait sur lui : *le Béarnais est pauvre,* ajouta-t-il, *s'il en avait davantage, il le donnerait.*

On conseillait à ce prince de prendre Paris d'assaut avant l'arrivée des troupes auxiliaires que le roi d'Espagne envoyait pour soutenir la ligue ; mais Henri ne

voulut jamais consentir à exposer cette capitale aux horreurs qu'éprouve une ville
prise d'assaut. *Je suis*, disait-il, *le vrai
père de mon peuple ; je ressemble à
cette vraie mère qui se présenta devant
Salomon : j'aimerais mieux n'avoir pas
de Paris, que de l'avoir tout ruiné et
tout dissipé par la mort de tant de personnes.* (DICTIONNAIRE DES PORTRAITS
HISTORIQUES, ET ANECDOTES DES HOMMES
ILLUSTRES.)

La religion que Henri IV professait
était un prétexte pour plusieurs sujets re-
belles de fomenter les divisions : c'est
pourquoi les meilleurs amis de ce prince,
et Rosni lui-même, quoique calviniste,
conseillèrent à leur maître d'embrasser la
communion romaine. Les ministres pro-
testants avaient avoué à Henri qu'on pouvait faire son salut dans l'église romaine.
Ce prince prit en conséquence la politique pour guide, puisqu'elle laissait sa
conscience en sûreté, et s'écria un jour
assez plaisamment : *Ventre-saint-gris,
Paris vaut bien une messe.* (RECUEIL
DE SES LETTRES.)

La ville de Paris fut réduite sous l'o-
béissance de Henri IV, sans effusion de
sang, à l'exception de deux ou trois bourgeois qui furent tués. *S'il était en mon
pouvoir,* disait ce bon roi, *je, rachète-
rais de cinquante mille écus la vie de
ces deux citoyens, pour avoir la satisfaction de faire dire à la Postérité que
j'ai pris Paris sans qu'il y ait eu de
sang répandu.* (TABLETTES HISTORIQUES
DES ROIS DE FRANCE.)

On parlait à ce prince d'un officier
fort brave qui avait été de la ligue, et
qui n'aimait pas sa majesté, quoiqu'elle
lui eut pardonné. *Je veux,* dit le roi, *lui
faire tant de bien, que je le forcerai
de m'aimer malgré lui.*

Ce prince répondait aux personnes qui
s'étonnaient de ses bontés envers son peuple : *On prend plus de mouches avec
une cuillerée de miel, qu'avec vingt
tonneaux de vinaigre.* Cela prouve son
ame bienfaisante.

Personne ne pardonna plus volontiers
que ce prince : Péréfixe, son historien,

assure que sa majesté avait toujours à la bouche ce vers de Virgile :

Parcere subjectis, et debellare superbos.

Un capitaine vint lui demander sa retraite, et lui parla avec cette liberté que les temps autorisaient : «*Sire*, trois mots, *argent ou congé.*» Henri lui riposta : capitaine, quatre, *ni l'un ni l'autre.* Ce prince qui estimait cet officier, et dont il avait éprouvé la valeur et l'attachement à son service, lui fit donner, le lendemain, plus qu'il n'avait demandé : c'est une bienfaisance éclairée.

Les députés des provinces lui ayant fait des remontrances sur la pancarte (c'était ainsi qu'on nommait l'imposition du sou pour livre), il les écouta avec beaucoup de douceur; et, s'adressant à ceux de Guienne, il leur parla en roi et en père : *Les impôts que je lève*, leur disait-il, *ne sont point pour enrichir mes ministres et mes favoris, comme faisait mon prédécesseur; mais pour supporter les charges de l'état. Si mon domaine eût été suffisant*

pour cela, je n'aurais voulu rien pren-
dre dans la bourse de mes sujets; mais
puisque j'y emploie le mien tout le pre-
mier, il est bien juste qu'ils y contri-
buent du leur. Je desire avec passion
le soulagement de mon peuple; jamais
aucun de mes prédécesseurs n'a tant
souhaité et adressé ses prières à **Dieu**
que moi, pour bénir les années de mon
règne. Les alarmes qu'on veut vous
donner, que j'ai dessein de bâtir des
citadelles dans vos villes, sont fausses
et séditieuses; je n'en desire point
d'autres que dans les cœurs de mes su-
jets. (PÉRÉFIXE, Histoire de Henri IV.)

Les lettres, ornement d'un règne heureux, reprirent quelque éclat sous
Henri IV. Les talents eurent leur récompense; Casaubon fut fixé en France par
des bienfaits. Le collége royal, cette noble institution du *Père des lettres*, s'é-
tait ressenti des malheurs publics; les pro-
fesseurs, privés du fruit de leurs travaux,
le redemandèrent à Henri IV. Voici sa
réponse, on l'y reconnaîtra : *Qu'on di-*

minue de ma dépense ; qu'on ôte de ma table pour payer mes lecteurs : je veux les contenter, Sully les paiera. Sully les paya effectivement : ce n'était pas sur de pareils objets que s'exerçait la sévère économie de ce ministre ; il savait qu'il était du devoir des rois de réprimer les courtisans et les financiers, et qu'il est de leur grandeur de récompenser les savants, qu'on enrichit à si peu de frais. (GAILLARD, Éloge de Henri IV.)

Il récompensa libéralement Pierre Mathieu, son historiographe, qu'il se fit un plaisir d'instruire lui-même de ses principales actions pour les transmettre à la postérité.

Un jour un poëte qui connaissait ses vertus éminentes et la bonté de son cœur pour les indigens, se plaignit de ce qu'on lui imposait une trop forte taille, et lui présenta un placet qui contenait ces quatre vers :

> Ce poëte n'a pas la maille :
> Plaise, sire, à ta majesté,
> Au lieu de le mettre à la taille,
> De le mettre à la charité.

Le roi lui fit donner une gratification. (Histoire de Henri IV.)

Parmi les grandes qualités de Henri IV, sa tendresse et son amour pour son peuple se faisaient principalement remarquer. Il n'avait point de plus forte passion que de le soulager, que de le faire vivre en paix et à son aise : il n'avait point de discours plus ordinaire que celui-là. Une maladie dangereuse faisait craindre pour ses jours ; Sully, son ministre et son ami, était au chevet de son lit. *O mon ami,* lui dit le prince malade, *vous savez si c'est la mort que je crains ; vous m'avez vu mille fois la chercher avec vous au milieu des combats : mais mon peuple n'est pas encore heureux ; j'espérais achever mon ouvrage, vous savez quels étaient mes projets pour sa félicité.* (Mémoires de Sully.)

Les acclamations et les cris de joie du peuple à son arrivée étaient pour ce bon prince l'encens le plus flatteur. Lorsqu'au retour de son expédition de 1596, il vit le peuple de Paris accourir au-devant de son roi, s'empresser de lui témoigner son attachement, il goûta cette satisfaction si naturelle aux ames bienfaisantes. *Je suis bien récompensé,* disait-il à tout le monde, *des peines et des travaux que j'ai soufferts, et des soins que je me suis donnés, puisque je retrouve un peuple si reconnaissant.* (PÉRÉFIXE, Histoire de Henri IV.)

Henri IV disait quelquefois, *que Dieu lui ferait peut-être la grâce, dans sa vieillesse, de lui donner le temps d'aller deux ou trois fois la semaine au parlement et à la chambre des comptes,* comme y allait le bon roi LOUIS XII, *pour travailler à l'abréviation des procès, et mettre un si bon ordre à ses finances, qu'à l'avenir on ne pût plus les dissiper.* Et il ajoutait : *Ce seront là mes dernières promenades.* (TABLETTES HISTORIQUES DES ROIS DE FRANCE.)

Le duc de Sully, surintendant des finances, dit un jour à Casaubon, qui allait chercher sa pension : *Vous coûtez trop au roi, monsieur ; vous avez plus que deux bons capitaines, et vous ne servez de rien.* Casaubon, qui était fort doux, fut s'en plaindre à Henri IV. Ce bon roi lui dit : *Monsieur Casaubon, que cela ne vous mette en peine : j'ai partagé avec monsieur de Sully ; il a toutes les mauvaises grâces, et moi je me suis réservé les bonnes. Quand il faudra aller à lui pour vos appointements, venez à moi auparavant ; je vous dirai le mot du guet pour être payé facilement.* (Manuscrit de la bibliothèque du roi.)

Henri IV étant à la chasse dans le Vendômois, et s'étant écarté de sa suite, il rencontra un paysan assis au pied d'un arbre. *Que fais-tu là*, lui dit ce prince ? *Ma finte, monsieur, j'étions là pour voir passer le roi. — Si tu veux*, ajouta le monarque, *monter sur la croupe de mon cheval, je te conduirai dans un endroit où tu le verras tout à ton aise.* Le paysan monte, et chemin faisant demande comment il pourra reconnaître le roi. *Tu n'auras qu'à regarder celui qui aura son chapeau pendant que les autres auront la tête nue.* Le roi joint la chasse, et tous les seigneurs le saluent.

Hé bien, dit-il au paysan, *qui est le roi? — Ma finte, monsieur*, répondit le rustre, *il faut que ce soit vous ou moi; car il n'y a que nous deux qui avons notre chapeau sur la tête.* (CARACCIOLI, Lettres récréatives et morales.)

Ce prince ne pouvait voir qu'avec chagrin les prélats de mauvaise vie, et les juges corrompus. Il disait, en parlant des premiers : *Je voudrais bien faire ce qu'ils disent ; mais ils ne pensent pas que je sache tout ce qu'ils font.* Et en parlant des autres : *Je ne puis comprendre comment il y a des gens si méchants, qu'ils jugent contre leur science et leur conscience.* (PÉRÉFIXE , Histoire de Henri IV.)

Quand on suppliait Henri IV d'avoir plus soin de la conservation de sa personne qu'il n'en avait, et de ne pas aller si souvent seul ou mal accompagné, comme il faisait, il répondait : *La peur ne doit point entrer dans une ame royale. Qui craindra la mort, n'entreprendra rien sur moi ; qui méprisera la vie, sera tou-*

jours maître de la mienne, sans que mille gardes l'en puissent empêcher. Je me recommande à Dieu quand je me lève et quand je me couche; je suis entre ses mains; et après tout, je vis de telle façon que je ne dois point entrer en ces défiances. IL N'APPARTIENT QU'AUX TYRANS D'ÊTRE TOUJOURS EN FRAYEUR. (PÉRÉFIXE, Histoire de Henri IV.)

Un ambassadeur turc exagérait les forces du sultan son maître; et paraissait étonné qu'un roi qui, comme Henri, n'était monté sur le trône et ne s'y était affermi qu'à force de victoires, n'eût qu'une très petite armée. *Où règne la justice, repartit ce grand prince, la force n'est guère nécessaire.* (MATTHIEU.)

Henri IV était d'une taille médiocre, et avait cependant, dans l'occasion, de la noblesse dans le maintien: mais sa physionomie annonçait plus d'amabilité que de cet air de maître qui rappelle toujours aux autres qu'ils sont dans la dépendance. Il unissait, dit Hénault, à une extrême franchise la plus adroite politique, aux sentiments les plus élevés une simplicité de mœurs charmante, et à un courage de soldat un fond d'humanité inépuisable. Souvent il se familiarisait avec les soldats et le peuple, de manière à n'en être que plus respecté. Sa grande ambition était de rendre les Français heureux. Le duc de Savoie lui demandant un jour ce que la France pouvait lui valoir de revenu, *Tout ce que je veux*, répondit-il, *parce qu'ayant le cœur de mon peuple, j'en aurai ce que je voudrai. Si Dieu me donne la vie, je ferai qu'il n'y aura point de laboureur en France qui n'ait moyen d'avoir une poule dans son pot ; et si*, ajouta-t-il fièrement, *je ne laisserai point d'entretenir des gens de guerre, pour mettre à la raison tous ceux qui choqueront mon autorité.*

La plus belle et la plus noble vertu de Henri IV fut la clémence ; mais en lui, ce fut une vertu du cœur, un penchant de caractère, et non une politique utile, comme on l'a vu dans plusieurs autres princes : il pardonna moins pour être en sûreté, que pour sauver des malheureux, et s'en faire aimer.

Henri IV allait voir Sully à l'arsenal; un embarras de charrettes dans la rue de la Ferronnerie arrêta son carrosse. Un monstre, nommé Ravaillac, qui depuis plusieurs jours épiait le moment d'achever son crime, monta sur un rayon de la roue, et donna deux coups de couteau au roi, qui expira sur-le-champ. Cet attentat eut lieu le vendredi 14 mai 1610, dans la cinquante-septième année de Henri IV, et dans la vingt-deuxième de son règne.

Je ne prétends point avoir rapporté tous les traits de bienfaisance de ce bon roi: on ne finirait pas, si l'on voulait les consigner dans ce recueil. Il suffit d'avoir indiqué les plus importants, ceux qui font connaître son caractère de bienfaisance, son ame généreuse, et sa bonté envers ses sujets.

JEAN Ier,

Roi de France.

Édouard III, roi d'Angleterre, effrayé par un orage épouvantable, fait vœu de lever les obstacles qu'il opposait à la paix. Les plénipotentiaires s'assemblent à Brétigny, conviennent d'abord d'une trève, qui est bientôt suivie de la signature du traité définitif. La prison du roi ne permettait pas à la France d'espérer des conditions avantageuses : le roi JEAN les remplit toutes avec une exactitude portée jusqu'au scrupule, et bien conforme à cette grande maxime qu'il répétait souvent : *Si la justice et la bonne foi étaient bannies du reste du monde, il faudrait encore qu'on retrouvât ces vertus dans la bouche et dans le cœur des rois.*

Tandis que l'on mettait les Anglais en possession des villes et des provinces qui leur avaient été cédées par le traité dont nous venons de parler; l'infortuné roi Jean éprouvait une résistance de la part de ses peuples qui dut être bien sensible à son cœur : l'idée seule qu'ils allaient changer de maître faisait frémir ses sujets fidèles. Les habitants tinrent ferme pendant plus d'une année. Le roi leur ayant représenté qu'ils devaient le sacrifice de leur fidélité au bien de la paix et au salut de l'état, ils répondirent : *Nous obéirons aux Anglais des lèvres, mais les cœurs ne se mouveront.*

Louis, duc d'Anjou, l'un des trois fils de France, en otage chez les Anglais, s'échappe de Calais où on lui laissait une liberté honnête, revient à Paris; et pour des raisons qu'on ignore, mais que ce jeune prince prétendait être très bonnes, il ne voulut jamais retourner à Calais. Le roi Jean, son père, se rendit auprès d'Édouard pour réparer la faute que le duc d'Anjou avait commise en manquant à la parole royale. *Je veux excuser mon fils*, répondit-il à son conseil et aux cris de toute la France, qui voulaient le détourner de faire ce voyage. Mais le conseil, la France, et toute l'Europe, qui regardaient la résolution du roi Jean comme contraire à la bonne politique, ne purent s'empêcher d'applaudir à la généreuse fidélité du monarque à ses engagements. L'évasion du duc d'Anjou ne pouvait paraître que criminelle au yeux d'un prince ami de la droiture et de la sincérité. Jean mourut en Angleterre pendant ce voyage...................................

Le roi d'Angleterre lui avait précédemment offert sa liberté, à condition de lui faire hommage du royaume de France, comme relevant de celui d'Angleterre. Jean répondit *qu'il était inutile de lui faire des propositions qu'il ne voulait pas écouter. Les droits de ma couronne, ajouta-t-il, sont inaliénables. J'ai reçu de mes aïeux un royaume libre et indépendant, je le laisserai libre et indépendant à ma postérité. Le sort des combats a pu disposer de ma personne, mais non pas des droits sacrés de la royauté que la naissance m'a donnés, et sur lesquels ni ma captivité ni ma mort même ne peuvent rien. Heureux, si je puis sacrifier ma vie pour l'honneur de la France, que Dieu m'a confié !*

~~~~~~

JULIEN

(Flavius - Claudius - Julianus),

Empereur Romain , né l'an 331 , mort le 27 juin 363.

Austère dans ses mœurs , juste dans ses desseins , affable, humain , généreux , il ne sembla jouir de l'autorité que pour faire respecter les lois. Dans l'administration de la justice, il penchait, autant qu'il le pouvait, du côté de la douceur : l'équité naturelle était la base de ses jugements. Les parents d'une fille enlevée poursuivaient la mort du ravisseur : JULIEN , instruit de quelques circonstances particulières qui diminuaient l'énormité dn crime, se contenta de bannir le coupable. Les parents firent entendre leurs plaintes, et dirent tout haut que César était trop indulgent. *Oui, je le suis trop,* repartit Julien , *à ne con-*
~~~~~~

sidérer que la disposition des lois ; mais le prince est une loi vivante qui doit tempérer par sa clémence ce que les lois mortes ont de trop rigoureux.

Julien, proclamé empereur par l'armée des Gaules, s'avança vers Constance qui venait lui-même à la tête d'une puissante armée pour le soumettre. Les soldats du nouvel empereur lui jurèrent qu'ils étaient déterminés à verser pour lui jusqu'à la dernière goutte de leur sang : les officiers lui avaient fait le même serment, excepté Nébridius, préfet du prétoire, créature de Constance, comblé de ses bienfaits, qui voulut lui rester fidèle. Les soldats voulaient le mettre en pièces, mais Julien le couvrit de ses habits, et le déroba à leur fureur : lorsque ce prince, après avoir été donner quelques ordres, revint à son palais, il trouva Nébridius qui accourait à sa rencontre, et qui se jeta à ses genoux, et le conjura de lui donner sa main à baiser, afin de le mettre par là en sûreté. *Si je vous donne ma main*, répondit Julien, *que garderai-je donc pour ceux qui me sont attachés? Mais vous n'avez rien à craindre ; retirez - vous où il vous plaira.*

Lucillien, gouverneur d'Illyrie, n'apprit la marche de Julien que quand il fut maître de Sirminne, capitale de la province. Il est surpris dans son lit et amené à Julien, la frayeur peinte sur le visage. L'empereur, pour le rassurer, lui permit de baiser sa pourpre.

Constance mourut en accourant contre Julien ; celui-ci fut reconnu empereur dans l'Orient , comme il l'avait été dans l'Occident. Plusieurs courtisans , dans le dessein de se rendre agréables au nouvel empereur, vinrent lui déclarer la retraite de quelques - uns de ceux qui avaient aigri Constance contre lui. Julien les rebuta avec mépris, en disant *qu'il était indigne à un empereur de profiter de leur malice pour découvrir l'asyle de malheureux que la crainte de la mort punissait assez.*

Quoique Julien eût quitté la religion chrétienne pour embrasser le polithéisme, dans la décision des affaires jamais la religion, ni aucun motif étranger, ne lui firent pencher la balance. Une femme avait un procès contre un domestique de l'empereur ; elle apprit qu'il avait été cassé, et le poursuivit plus vivement, dans l'espoir que son crédit n'apporterait point d'obstacle à ses droits : en entrant à l'audience, elle fut surprise de voir ce même officier avec la ceinture militaire, qui lui avait été rendue ; et, désespérant d'obtenir justice contre un homme qui avait eu le crédit de rentrer dans le palais, elle commença à déplorer son malheur. Julien l'entendit, et voulut bien la rassurer. *Faites valoir vos prétentions*, lui dit-il, *et ne craignez rien ; il a cette ceinture pour marcher plus vite dans les mauvais chemins ; mais elle ne lui donne pas le pouvoir de vous faire perdre votre cause.*

Dans le temps que l'empereur était à Berœa, ville de Macédoine, un magistrat de cette ville, qui était chrétien, chassa son fils de la maison paternelle, et le déshérita, pour avoir embrassé la religion du prince. Ce jeune homme se mit sous la protection de l'empereur, qui lui promit d'employer ses bons offices auprès de son

père. Julien donna un repas aux principaux de la ville, et plaça le père et le fils
à ses côtés. Au milieu du festin, il représenta au magistrat qu'il y avait de l'injustice à vouloir donner sa raison pour celle
des autres. Le père, peu touché de la bonté
de l'empereur, continua d'exhaler son ressentiment. Julien l'en reprit avec douceur,
et dit au jeune homme : *Vous voyez que
je ne puis rien gagner sur lui ; vous
n'avez plus de père ; mais ne vous cha-
grinez point, je vous en servirai, mon
fils.*

Julien avait témoigné publiquement son
mécontentement à un magistrat nommé
Thalassius. Différents particuliers qui plai-
daient contre le magistrat, prompts à profiter de la conjoncture, abordent l'empereur, en lui disant : *Thalassius, l'ennemi de votre piété, nous a enlevé nos
biens ; il a commis mille injustices.*
L'empereur, craignant qu'on ne voulût
abuser de la disgrâce de ce malheureux,
répondit aux accusateurs : *J'avoue que
votre ennemi est aussi le mien ; mais
c'est précisément ce qui doit suspendre*

vos poursuites contre lui, jusqu'à ce qu'il m'ait satisfait; je mérite bien la préférence. En même temps il défendit au préfet de les écouter jusqu'à ce qu'il eût rendu ses bonnes grâces à l'accusé, et il les lui rendit bientôt après. Pendant son séjour à Antioche, étant sorti de la ville pour aller sacrifier à Jupiter sur le mont Casius, un homme vint lui embrasser les genoux, et le supplier humblement de lui accorder la vie : il demanda qui c'était. *C'est,* lui répondit-on, *Théodore, ci-devant chef du conseil d'Hyéraple ;* et quelqu'un ajouta méchamment : *en conduisant Constance, qui se préparait à vous attaquer, il le complimentait par avance sur la victoire, et le conjurait, avec des gémissements et des larmes, d'envoyer promptement à Hyéraple la tête de ce rebelle, de cet ingrat ; c'est ainsi qu'il vous appelait.*

Je savais tout cela il y a long-temps, repartit l'empereur. Et adressant la parole à Théodore qui n'attendait que l'arrêt de mort : *retournez chez vous sans rien craindre ; vous vivez sous un prince* qui, *suivant la maxime d'un grand philosophe, cherche de tout son cœur à diminuer le nombre de ses ennemis, et à grossir celui de ses amis.*

Ce prince avait l'ame assez haute pour dédaigner toute louange servile. Des courtisans vantaient sa justice, sa modération. *Cessez de me louer*, leur dit-il, *ou ayez le courage de me blâmer quand je le mériterai.*

Il ne regardait les richesses que comme un moyen de plus que la providence a mis dans les mains des grands pour soulager leurs frères. Voici ce qu'il écrivit étant Empereur : *Qu'on me montre un homme qui se soit appauvri par ses aumônes : les miennes m'ont toujours enrichi, malgré mon peu d'économie ; j'en ai fait souvent l'épreuve, lorsque j'étais particulier. Donnons donc à tout le monde, plus libéralement aux gens de bien, mais sans refuser le nécessaire à personne, pas même à notre ennemi ; car ce n'est pas aux mœurs, ni au caractère que nous donnons.*

Les réformes du palais, et les bornes

étroites qu'il prescrivit à sa dépense, le mirent en état de soulager les provinces. Il modéra les taxes autant que le permirent les besoins de l'état, et s'attacha surtout à ne donner aux provinces que des gouverneurs désintéressés et incorruptibles. Selon une ancienne coutume, ces provinces envoyaient, par leurs députés, des couronnes d'or aux empereurs, soit lorsqu'ils parvenaient à l'empire, soit à l'occasion d'un événement heureux, ou pour les remercier d'un bienfait. Cet usage était devenu une obligation, une espèce d'impôt : l'avarice des empereurs, et la flatterie des préfets, avaient fait monter ces couronnes à un prix excessif ; il y en avait de mille onces, et souvent de deux mille. Julien défendit d'excéder dans ces couronnes le poids de soixante et dix onces ; il voulut d'ailleurs que ce présent fût purement volontaire. Il aurait cru avilir l'hommage de ses peuples, s'il ne lui eût pas rendu sa liberté.

Un homme était venu plusieurs fois le trouver pour lui dire qu'un de ses sujets prétendait à l'empire. Julien ne fit pas attention à son accusation ridicule ; mais comme le délateur se présentait toujours à son audience , l'empereur , pour se débarrasser de ce vil importun , lui demanda enfin quelle était la condition du prétendu coupable. *C'est*, dit-il, *un riche bourgeois. — Quelle preuve avez-vous contre lui ? — Il se fait faire un habit de soie, couleur de pourpre.*

Julien n'en voulut pas savoir davantage ; et, comme le délateur insistait, il dit au grand trésorier : *je veux qu'on donne à ce dangereux babillard une chaussure couleur de pourpre , et qu'il la porte lui-même à celui qu'il accuse , pour assortir à son habit.*

Dans la guerre qu'il fit contre les Perses , il se défendit, à l'exemple d'Alexandre, de voir des vierges dont on lui avait vanté la beauté. Ses troupes avaient abondamment les munitions et les vivres nécessaires; mais les aliments délicats, ou qui pouvaient les porter à quelques excès, étaient sévèrement interdits. En allant à son expédition de Perse, il aperçut à la suite de l'armée plusieurs chameaux chargés de liqueurs et de vins exquis : il défendit aux chameliers de passer outre. *Emportez*, leur dit-il, *ces sources empoisonnées de volupté et de débauche : un soldat ne doit point boire de vin, s'il ne l'a pris sur l'ennemi ; et je veux moi-même vivre en soldat.*

Ce grand prince remporta plusieurs avantages sur les Perses ; dans le moment qu'ils cherchaient leur salut dans la fuite, il fut atteint d'un javelot qui lui porta un coup mortel : on l'emporta sur un bouclier dans sa tente. *Je me soumets*, dit-il avec joie, *aux décrets éternels, convaincu que celui qui est épris de la vie, quand il faut mourir, est plus lâche que celui qui voudrait mourir quand il faut vivre. Ma vie a été courte, mais mes jours ont été pleins : la mort qui est un mal pour les méchants, est un bien pour l'homme vertueux ; c'est une dette qu'un sage doit payer sans murmure. J'ai été particulier et empereur, et, dans la vie privée et sur le trône, je n'ai rien fait, je pense, dont j'aie lieu de me repentir.*

Je remercie le dieu éternel de n'avoir pas permis que je périsse, ni par une conspiration, ni par les douleurs d'une longue maladie, ni par la cruauté d'un tyran. J'adore sa bonté sur moi, de ce qu'il m'enlève du monde, par un glorieux trépas, au milieu d'une course glorieuse. Quant à l'élection d'un empereur, je n'ai garde de prévenir votre choix ; le mien pourrait mal tomber, et perdrait peut-être, si on ne le suivait pas, celui que j'aurais désigné ; mais, en bon citoyen, je souhaite d'être remplacé par un digne successeur.

Ayant parlé de la sorte avec beaucoup de tranquillité, il ordonna que son corps fût porté à la Tarse en Cilicie, et distribua ce qui lui appartenait en propre, à ses plus intimes amis. Anatolius était de ce nombre : ne le voyant point, il le demanda ; et lorsqu'on lui eut dit qu'il était heureux, il comprit qu'il avait été tué, et s'attendrit vivement sur la mort de son ami ; car l'amitié fut encore l'une des vertus du cœur de Julien. Enfin, après s'être entretenu sur l'excellence de l'ame, avec Priscus et Maxime, il expira sans effort, la nuit du 26 juin 363 , dans la trente-deuxième année de son âge, et la huitième de son règne, à compter du jour qu'il fut déclaré César.

Jovien, qui lui succéda à l'empire, fit porter son corps à Tarse, et donna ordre qu'on ornât son tombeau.

Il y a bien de l'apparence que tous les ouvrages de Julien ne sont pas parvenus à la postérité, et que nous n'avons, par exemple, qu'un très petit nombre de ses lettres. On trouve dans ceux de ses écrits qui nous restent, particulièrement dans ses *Césars* et le *Misopogon*, tant de philosophie, d'esprit, d'éloquence et d'érudition, que l'on ne peut trop regretter la perte des autres.

Les *Césars* passent, sans contredit, pour son chef-d'œuvre. L'antiquité profane ne fournit aucune pièce qui soit comparable à celle-ci, pour le mérite du sujet, et très peu qui puissent lui être préférées pour le mérite de l'exécution ; très peu qui réunissent à la fois, avec la brièveté, autant de caractères et de mœurs, de finesse et de solidité, d'instruction, de sel et d'enjouement : c'est la satire ou le jugement de tous les empereurs qui avaient régné avant lui, pendant l'espace d'environ quatre cents ans. Marc-Aurèle est le héros de la pièce ; et Julien lui adjuge le premier rang parmi les souverains qui ont mérité d'être illustres.

Le *Misopogon*, satire ironique contre les habitants d'Antioche, est un ouvrage unique dans son genre. Julien s'y peint lui-même, mais sans doute plus extraordinaire dans sa conduite philosophique, qu'il n'était en effet. Il y exagère ses défauts : il s'accuse de ses bonnes qualités comme d'autant de travers ; et les oppose aux vices des habitants d'Antioche, qu'il représente, au contraire, comme des vertus. L'esprit pétille de toutes parts dans cette satire ; elle est remplie de traits, de saillies, de principes et de mœurs.

Ses lettres sont le vrai portrait de son esprit et de son cœur; on y voit au naturel son génie, ses idées sur le gouvernement, ses principes de morale et ses sentiments pour ses amis. Celle à Thémistius abonde en maximes excellentes, touchant les devoirs d'un souverain; et Julien y donne des preuves bien estimables de sa modestie. En un mot, les écrits de Julien font d'autant plus d'honneur à sa mémoire, que la vertu les caractérise plus encore que leur atticisme. C'est aussi ce qui nous donne lieu d'espérer que le public agréera volontiers le présent que nous lui faisons aujourd'hui de l'Esprit de cet empereur philosophe.

DE LA RELIGION.

La religion est la première des vertus : le culte que l'on doit à Dieu doit être préféré à tout......

Dieu n'a pas besoin de nos adulations : un culte sage et réglé, des vœux capables d'attirer les bénédictions célestes, des prières modestes, c'est tout ce qu'il demande de nous.

La conjecture est le partage de la raison humaine, et la science est celui de Dieu.

DU SACERDOCE.

..... On ne doit élever au sacerdoce que les plus gens de bien de chaque ville ; et, dans ce choix, on ne doit avoir égard ni à la naissance ni aux richesses : il ne faut chercher que les qualités essentielles, qui sont l'amour de Dieu et celui des hommes. On connaîtra que celui qu'on veut choisir aime Dieu, s'il imprime ce même amour à ceux qui l'environnent : il aime les hommes, s'il tâche de faire du bien à tous, s'il donne gaiement de son indigence même.

La vie d'un prêtre doit être une instruction continuelle et la preuve de ce qu'il enseigne...... La seule étude qui convienne à son état, est la philosophie......

DE L'ÉDUCATION.

... Comme je permets d'être malades à ceux qui voudront l'être ; je crois aussi qu'il faut instruire les ignorants, et non les punir. Nous ne devons pas les haïr, mais les plaindre. Les mauvais traitements, les punitions corporelles, les coups, ne persuadent pas les hommes ; il faut les éclairer. Vivez donc en bonne intelligence les uns avec les autres. Que ceux qui sont dans l'erreur, n'attaquent point ceux qui suivent la vérité, et que ceux-ci ne molestent point ceux qui s'égarent par ignorance plutôt que par choix.

DES DEVOIRS D'UN ROI.

Le devoir essentiel d'un empereur est d'imiter Dieu : l'imiter, c'est avoir le moins de besoins, et faire le plus de bien qu'il est possible.

Il faut qu'un prince, tout homme qu'il est par sa nature, s'élève, par ses sentiments et par sa conduite, au-dessus de l'humanité ; qu'il ait banni de son ame ce qu'elle avait de commun avec les animaux, c'est-à-dire, ses passions : en un mot, il doit être un génie ; il doit être un dieu.

Un prince vertueux, un grand roi, doit se piquer, non seulement de la simple réussite, mais aussi de la justice de ses entreprises.

L'homme le plus vertueux est un composé de raison et de passions ; au lieu que la loi est une raison exempte de passion : ainsi c'est la loi seule qui doit régner dans la personne d'un prince. Il faut donc que le prince s'attache immuablement aux lois, non à ces lois faites subitement et pour des cas particuliers ; à ces lois, ouvrages de législateurs qui n'ont pas toujours vécu selon les principes de la raison, mais aux lois dictées par des hommes sages, qui s'étaient purifié l'esprit et le cœur, et qui ne bornant point leurs vues aux circonstances présentes, ont approfondi la nature du gouvernement, contemplé l'essence

de la justice, et puisé, dans ces sources, des règles qui obligent tous les membres d'un état.

Les bons médecins adoucissent leurs remèdes, et tâchent d'en épargner l'amertume à ceux
qui les prennent: ils sont complaisants pour leurs
malades dans les bagatelles; et par là, ils se
ménagent leur obéissance dans l'essentiel. C'est
aussi ce que doit faire un empereur. S'il est sévère, il faut que ce soit sans excès; sa rigueur
doit être assaisonnée de condescendance. Pour
conduire des animaux, et, à plus forte raison,
pour gouverner des hommes, il ne faut pas se
raidir en tout, mais donner quelque chose à
leur inclination.

..... Un prince qui écoute les méchants et les
flatteurs, devient leur esclave : aussi n'a-t-il
point l'amour des honnêtes gens; et ceux qui
passent pour ses amis, le ruinent et le déshonorent. Qu'il se garde donc bien de préférer jamais un flatteur à un ami.

Voulez-vous régner heureusement et avec
gloire? Soyez religieux envers Dieu, sobre,
vigilant, fidèle à vos amis, plein d'humanité
pour vos inférieurs; aimez vos sujets comme
Dieu lui-même vous aime; donnez-leur l'exemple
de toutes les vertus, et ne soyez jamais esclave
de vos passions ni de celles d'autrui. Par cette
sage conduite, vous deviendrez l'objet des fa-

veurs de la divinité ; les bons vous respecteront ; vous serez leurs délices, et la terreur des méchants.......

DE L'AMITIÉ.

Pour aimer, il faut connaître ; et pour connaître, il faut éprouver. Je ne donne mon amitié qu'avec une extrême précaution.

Quelquefois un flatteur affecte la hardiesse et la franchise d'un ami. C'est un forgeron qui s'est mis du fard, et qui a pris une robe blanche, pour épouser, s'il peut, la fille d'un honnête homme : n'allez pas lui donner la vôtre.

Quand vous aurez choisi des amis, regardez-les comme des amis ; vivez avec eux cordialement et avec une noble simplicité ; pensez les choses obligeantes que vous direz d'eux. Rien ne fait plus de tort que le défaut de confiance pour ses amis.

LOUIS,

Dauphin de France, fils de Louis XV et père de Louis XVI, né à Versailles en 1729, mort à Fontainebleau le 20 décembre 1765.

Sa douceur, son affabilité, son application constante à tous ses devoirs, on rendu sa mémoire précieuse. Il avait appris l'anglais, et traduisit plusieurs bons auteurs de cette nation.

Les Offices de Cicéron devinrent son livre favori : il le relisait sans cesse ; et comme il avait une mémoire étonnante, il l'apprit presque tout entier par cœur.

Conduisez mes enfants, disait ce bon prince, *dans la chaumière du paysan ; montrez-leur tout ce qui peut les attendrir ; qu'ils voient le pain noir dont se nourrit le pauvre ; qu'ils touchent de leurs mains la paille qui lui sert de lit... Je veux qu'ils apprennent à pleurer. Un prince qui n'a jamais versé de larmes ne peut être bon.*

A la naissance du duc de Bourgogne, au lieu de donner des fêtes pompeuses, il distribua d'abondantes aumônes, et fit destiner le prix des réjouissances publiques à doter six cents filles. Le roi voulait qu'on augmentât sa pension : *J'aimerais mieux,* dit le dauphin, en refusant l'augmentation, *que cette somme fût diminuée sur les tailles.*

L'abbé de Saint - Cyr, s'entretenant avec lui un jour sur le livre de la Concorde du sacerdoce et de l'empire, par Marca, il lui dit : *Hélas! mon cher abbé, qu'il en coûte de peines pour accorder les hommes entr'eux! Un berger, la houlette à la main, met tout son peuple en mouvement d'un coup de sifflet. Deux chiens sont ses seuls ministres ; ils aboient quelquefois sans presque jamais mordre, et tout est en paix.... Ce qui rend la réforme d'un état si difficile,* disait-il dans une autre occasion, *c'est qu'il faudrait deux bons règnes de suite : l'un pour extirper les abus, et l'autre pour les empêcher de renaître.*

Il avait fait une étude approfondie de

l'histoire, qu'il appelait la leçon des princes et l'école de la politique. *L'histoire, disait-il, est la ressource des peuples contre les erreurs des princes. Elle donne aux enfants les leçons qu'on n'osait faire aux pères. Elle craint moins un roi dans le tombeau, qu'un paysan dans sa chaumière.*

Un jour que le chancelier d'Aguesseau vint lui faire sa cour, on parla de l'éloquence, et le dauphin s'expliqua sur ce sujet avec toute la justesse et l'intelligence possibles. Il termina cette dissertation d'une manière bien flatteuse pour le chancelier. — *Je vais*, lui dit-il, *vous donner un exemple de la véritable éloquence ;* et tout de suite il lui récita une partie de ce beau discours que d'Aguesseau avait prononcé au parlement, lorsqu'il n'était encore qu'avocat général, pour requérir l'enregistrement du bref d'Innocent XII contre le livre des *Maximes des saints.* Le chancelier qui reconnut d'abord son ouvrage, reçut avec autant d'étonnement que de reconnaissance, une louange si flatteuse et amenée si naturellement.

Dans un temps de guerre , un officier blessé vint lui présenter un placet pour le prier d'obtenir une gratification qui le mît en état d'aller prendre les eaux ; sa pâleur et son abattement faisaient assez voir que sa demande était juste. Le dauphin s'attendrit, et se tournant vers le duc de Châtillon , son gouverneur, lui dit : *Ce malheureux homme n'aura pas le temps d'attendre que sa gratification soit expédiée ; j'ai envie de lui donner de quoi aller aux eaux.* — M. de Châtillon approuva fort ce mouvement de générosité , et le prince vint apporter sur-le-champ à l'officier malade le double de la gratification qu'il demandait , en lui disant : *Monsieur, voilà de quoi faire votre voyage ; vous solliciterez votre gratification à votre retour.* Il envoyait tous les mois une somme assez considérable aux deux curés de Versailles, et aux sœurs de la Charité.

Des courtisans lui ayant dit un jour

que le grand dauphin , fils unique de Louis XIV, avait une pension plus considérable que la sienne : *Je ne serais pas fâché*, dit-il, *de voir la mienne augmentée, si cette augmentation ne devait pas être levée sur le peuple.*

On le vit au dernier voyage qu'il fit à Marly, sincèrement affligé du gain qu'il faisait au jeu, chercher en quelque sorte, à lasser la fortune, en s'obstinant à remettre perpétuellement au hasard tout ce qu'il gagnait ; mais le sort continuant à le favoriser malgré lui , il gagna jusqu'à six cents louis, qu'il distribua dès le lendemain aux pauvres.

Il avait tracé de sa main des plans de palais et de jardins magnifiques. Ceux auxquels il les montrait , louaient la beauté des desseins, les avantages et la commodité des proportions, l'élégance et la noblesse de l'ensemble. *Vous ne parlez pas*, leur dit-il, *du plus grand mérite de mes plans ; c'est qu'ils ne coûteront rien au peuple , car ils ne seront jamais exécutés.*

Il faut, disait ce prince, *qu'un dau-*

phin paraisse un homme inutile, et qu'un roi s'efforce d'étre un homme univer-sel.

Lorsqu'on eût suppléé les cérémonies du baptême aux trois enfants de France, il leur fit observer que leurs noms étaient inscrits sur les registres de la paroisse avec ceux des autres enfants. — *Vous voyez, leur dit-il, que vos noms sont ici mêlés et confondus avec ceux du peuple ; cela doit vous apprendre que les distinctions dont vous jouissez ne viennent pas de la nature, qui a fait tous les hommes égaux ; il n'y a que la vertu qui met entr'eux une véritable différence ; et peut-être que l'enfant d'un pauvre, dont le nom précède le vôtre, sera plus grand aux yeux de Dieu, que vous ne le serez jamais aux yeux des peuples* (1).

Il faudrait, disait le dauphin à l'am-

____

(1) Mémoires pour servir à l'histoire de Louis, dauphin de France, avec un traité de la connaissance des hommes, fait par ses ordres en 1758; Paris, 1777.

bassadeur d'Espagne , *pour qu'un prince goûtât une joie bien pure au milieu d'un festin , qu'il y pût convier toute la nation, ou que du moins il pût se dire en se mettant à table : AUCUN DE MES SUJETS N'IRA AUJOURD'HUI SE COUCHER SANS SOUPER.*

Le dauphin, mourant, prit la main d'un homme qu'il avait aimé ; la serra contre son cœur, et lui dit : *Vous n'êtes jamais sorti de ce cœur-là.* Regardant tous ses amis qui pleuraient, il les remercia avec l'affection la plus tendre : *Ah! s'écria-t-il , je savais bien que vous m'aviez toujours aimé.....*

Ce bon dauphin, a laissé différents écrits ; on y voit combien ce prince, que l'on croyait absorbé tout entier dans des pratiques d'une dévotion minutieuse, s'occupait du bonheur du peuple, et approfondissait les grands principes qui doivent servir de base à tout gouvernement (1).

______

(1) Voyez Vie du dauphin, père de Louis XVI, écrite sur les mémoires de la cour ; par l'abbé Proyart. Paris , 1777.

Les mémoires pour servir à l'histoire du dauphin, père de l'infortuné Louis XVI, ont été rédigés sur ceux que madame la dauphine envoya à l'auteur. La lettre qu'elle lui écrivit pour l'engager à se livrer à ce travail, doit être rapportée ici ; elle est du 13 mars 1766.

« Si quelque chose peut adoucir ma
« douleur et me donner quelque consola-
« tion, c'est l'ouvrage que vous voulez
« bien entreprendre, monsieur. Rien n'est
« plus consolant, en effet, pour moi, que
« de savoir que ce panégyrique, si inté-
« ressant pour mon cœur, sera fait par
« un homme qui connaissait par lui-même
« le sujet dont il doit faire l'éloge ; par
« un homme qui avait mérité son es-
« time et son amitié, qu'il n'accordait
« qu'à ceux qui en étaient véritablement
« dignes. Je suis sûre que, s'il pouvait
« goûter quelque autre satisfaction que
« celle dont il jouit dans le sein de Dieu,
« il en aurait de voir que sa vie sera écrite
« par vous. J'espère que vous serez con-
« tent de tout ce que l'évêque de Verdun a
« rassemblé pour vous aider à faire un si

« bel éloge. Je suis dans la plus grande
« impatience de le voir ; je vous prie
« pourtant de prendre tout le temps né-
« cessaire..... En travaillant à l'éloge de
« Mgr. le dauphin, je vous prie, monsieur,
« de vous souvenir quelquefois de sa mal-
« heureuse femme, et de prier Dieu de lui
« accorder la grâce d'imiter ses vertus, et
« de mourir dans les mêmes sentiments
« que lui ».

Parmi les fils du dauphin, on doit distinguer Louis-Joseph-Xavier de France,
duc de Bourgogne, né à Versailles le 15
septembre 1757, et mort, après avoir souffert de grandes douleurs avec une constance héroïque, le 22 mars 1771. Ce prince
donnait les plus grandes espérances. On
rapporte de lui plusieurs traits qui l'hon-
norent. Il aimait la célébrité que donnent
la gloire et le mérite ; mais il haïssait et
méprisait en même temps la flatterie. Quelqu'un s'avisa de lui donner des éloges qui
sentaient l'adulation. *Monsieur,* lui dit-
il, *vous me flattez, et je n'aime point
qu'on me flatte.* Et le soir, en se cou-
chant, il dit à son gouverneur : *Ce mon-*

sieur me flatte ; prenez garde à lui. On raconte des choses aussi satisfaisantes des dispositions de son esprit.

~~~~~~

LOUIS XII,

Roi de France, né en 1462, et mort en 1515.

Louis XII, surnommé *le Juste* et *le père du peuple*, forma la troisième branche issue des Capets, et dite des *Valois d'Orléans*. Il naquit à Blois, le 27 juin 1462, de Charles, duc d'Orléans, et de Marie de Clèves. Il n'avait que quatorze ans, lorsque Louis XI lui fit épouser, en 1476, *Jeanne de France*, sa fille. Cette princesse fut vertueuse ; mais elle n'eut aucun de ces charmes qui captivent le cœur des hommes. Elle était petite, contrefaite et un peu bossue. Le jeune prince ne l'avait épousée que par la crainte pour Louis XI, tyran de sa famille comme il l'était de la France. Tant que ce roi vécut, le duc d'Orléans n'osa déclarer trop
~~~~~~

ouvertement son aversion ; il se contraignit encore pendant le règne de Charles VIII, son beau-frère ; mais à son avénement au trône il fit dissoudre ce mariage, que l'on ne pouvait, en effet, approuver, et que l'on ne vit cependant point rompre sans douleur, parce que Jeanne était, par ses vertus, digne d'un meilleur sort.

A peine ce prince fut-il monté sur le trône, qu'il s'en montra digne par ses sentiments de bienfaisance, et une conduite qui l'ont rendu le modèle des bons rois. Les personnes de son parti ne manquèrent pas de lui rappeler les sujets de plainte qu'il avait eus, et surtout contre la Trémouille. On sait la réponse mémorable que Louis XII fit : *Ce n'est point au roi de France à venger les injures du duc d'Orléans.*

Un homme de la cour demandait à Louis XII la confiscation des biens d'un riche bourgeois d'Orléans, qui s'était ouvertement déclaré contre ce prince, dans le temps qu'il avait pris les armes. *Je n'étais pas son roi*, répondit-il, *lorsqu'il m'a offensé ; en le devenant, je suis devenu son père, je dois lui pardonner et le défendre.*

Les personnes qui n'avaient point été du parti de ce prince, sous le règne précédent, n'osaient paraître en sa présence : on le lui dit un jour, et il répliqua que ses ennemis n'avaient rien à craindre. *La suprême élévation où je me trouve,* ajouta-t-il, *les met à l'abri de toute vengeance; et ce n'est que par mes bienfaits qu'ils connaîtront mon changement de fortune.*

L'amour de la justice, la première vertu des rois, était celle de Louis XII ; il travailla sérieusement à l'abréviation des procès, et à donner aux procédures une forme certaine et déterminée, qu'elles n'avaient point encore eue. Ce prince voulut bien céder son palais au parlement, et il se retira au bailliage.

Les funestes exemples de Louis XI, qui avait fait périr tant de malheureux sans forme de procès, et comme l'on disait alors, *par justice soudaine,* n'influèrent point sur l'ame bienfaisante de ce prince. Les crimes, de quelque nature qu'ils pussent être, furent punis par les juges ordinaires, dans les formes de droit, *et sans user aucunement de volonté*, dit Saint-Gelais.

Ce prince était, non seulement équitable et bienfaisant envers ses sujets, mais il l'était encore avec les étrangers, même ses ennemis. S. M. craignait tant que les personnes de sa suite, surtout lorsqu'il était en campagne, ne commissent quelque injustice, qu'elle avait établi des officiers exprès pour l'empêcher, s'il était possible, ou pour réparer le dommage qui aurait pu être fait. Le trait suivant achèvera de prouver ce que j'avance.

Les Génois s'étaient révoltés contre lui, et les lois de la guerre autorisaient les violences dont on pouvait user pour les réduire à l'obéissance. L'avant-garde de l'armée s'empara du faubourg de Saint-Pierre-d'Arena, et y pilla plusieurs maisons : les habitants étaient si bien résolus de supporter leur perte, qu'ils ne s'en plaignirent même pas. Mais quel fut leur surprise, lorsque Louis XII, devenu maître de Gênes, envoya des experts pour examiner à quoi pouvait se monter la perte qu'ils avaient faite , et paya la juste valeur des choses pillées par le soldat.

Ce fut Louis XII qui ordonna que, lorsque sa majesté *pourvoirait* à un office de président ou de conseiller , son parlement eût à procéder à l'examen du récipiendaire , *tant sur la vie et mœurs , que sur le savoir;* ce qui ne s'était jamais pratiqué sous les règnes précédents, et que les charges commençaient à être vénales.

Pour élever à la magistrature des sujets qui en fussent dignes , ce prince écrivait sur ses tablettes les noms de ceux qui se distinguaient par leurs talents. Lorsqu'une charge quelconque venait à vaquer , il consultait sa liste , et en honorait le sujet qu'il croyait la mériter. C'est ainsi qu'il donna la place de juge-maire d'Agenois (poste alors important et honorable), à un savant homme qui lui avait fait une harangue à Orléans. *Le nom duquel*, dit Montluc dans ses Mémoires, *il avait mis dans son roulet , et lui envoya ledit état en pur don.*

Jamais roi ne fut plus tendrement aimé,

Était-il malade, on ne parlait que de prières, de jeûnes et de processions : on voyait les hommes pieds nus, les femmes négligées, les enfants un cierge à la main, visiter les lieux saints, et y faire des vœux pour sa guérison.

La mémoire de ce prince sera toujours chère aux Français : chacun de nos ancêtres crut perdre son père, « et il ne courut « onc, dit Saint-Gelais, en son style, du « règne de nul des autres, si bon temps « qu'il a fait durant le sien. » Je ne dois pas oublier de dire que Louis XII commença son règne par remettre à ses sujets *trois cent mille livres*, qu'ils lui offraient pour les frais de son couronnement.

Combien l'idée de la richesse des laboureurs lui était chère ! comme il parlait de leur bonheur ! On lui entendait répéter souvent qu'*un bon pasteur ne saurait trop engraisser son troupeau.* C'est ce que disait encore après lui le bon Henri, dans des termes plus populaires.... O Louis XII ! ô père du peuple ! quel exemple utile vous donnâtes à vos successenrs ! Vous vous émûtes à la peinture des maux de cette classe si malheureuse, si nécessaire et si digne d'intéresser les chefs des empires; vous soulageâtes leurs peines, et vous répandîtes sur les campagnes l'abondance et le bonheur : qu'il nous soit permis, dans ce jour d'hommage, de vous en rendre grâces au nom de l'humanité!

Louis XII a créé des tribunaux et rectifié la justice. Il a formé des magistrats ; il va faire des lois. Ne jugeons pas cette législation avec les vues et les lumières acquises dans ce siècle ; reportons-nous à celui de Louis XII, et sachons admirer des lois grandes et sages pour le temps où elles furent faites, et dans lesquelles Louis XIV trouva le plan et le principe de ses belles ordonnances.

Au milieu de ces lois s'élève un monument respectable de justice et de modération, que l'histoire n'a point assez célébré. C'est ici que nous appelons la nation entière : il faut que vous l'entendiez, peuples, magistrats, et vous tous qui tenez dans vos mains le sort des hommes. Peuples, ce sont vos droits ; magistrats, ce sont vos devoirs qu'un roi vous enseigne :

qu'elle ne s'efface jamais de votre mémoire cetté loi fameuse que Louis XII publia en montant sur le trône! qu'il reste gravé dans tous les tribunaux cet édit célèbre, par lequel il exhorte ses parlements à JUGER TOUJOURS SUIVANT LES LOIS FONDAMENTALES DU ROYAUME, MALGRÉ LES ORDRES CONTRAIRES, FRUIT DE LA SÉDUCTION ; et leur ordonne de LUI REPRÉSENTER CET ÉDIT, SI JAMAIS IL OSAIT S'EN ÉCARTER. — Quel prince, que celui qui élève ainsi une barrière entre le trône et la séduction qui l'entoure, et qui place la justice et les lois entre le roi et le peuple! Ah! combien l'auteur de cette belle loi devait avoir en horreur ces coups d'autorité, ou plutôt de despotisme, frappés presque toujours sans preuves, souvent sans délit, et qui portent l'effroi dans le cœur du citoyen! Il faut le dire, à la gloire de Louis XII, il ne connut jamais d'autres vengeurs que les lois et les tribunaux.

L'orgueil de la victoire n'a point fait oublier à Louis l'amour de ses sujets. Dans ce moment où l'ame la plus forte est absorbée par la gloire, le conquérant de

Gènes éprouve le besoin de revoir son peuple chéri ; il revient en France , et visite la Bourgogne : ce voyage est un triomphe. Voyez dans les villes cette foule accourant sur ses pas , et jonchant son chemin de fleurs ; voyez ce concours, cet empressement des habitants des campagnes, quittant leurs travaux ; entendez ces acclamations unanimes, ces bénédictions multipliées, qui retentissent autour de lui : c'est là qu'il voit sa véritable gloire ; c'est là qu'il entend toute sa renommée. On répète sans cesse le nom de *père du peuple*, et le *père du peuple* ne peut retenir ses larmes ! Quel jour pour Louis XII ! quelle jouissance pour son cœur, et quelle leçon pour les rois ! Mais est-ce un hommage qu'on rend à un homme ? est-ce un culte qu'on rend à un dieu ? Le peuple, dans son ivresse, ne veut plus le quitter ; dans son amour superstitieux, il veut toucher ses vêtements ; et ce jour rendit sensible la grande maxime : *Qu'un bon Roï est sur la terre l'image de la divinité.*

Pénétrons dans le conseil : on parle de subsides. *Faites en sorte*, dit Louis XII, *qu'on puisse lever des impositions qui ne soient point à charge à mes peuples.*

Ces paroles, qu'une tristesse profonde accompagne, ont fait une révolution dans le conseil. L'économie est dans tous les esprits; l'humanité est dans l'ame des ministres; on arrête de ne lever que cent mille écus pour une seule fois. Louis en est instruit, et il ne peut contenir sa douleur. En signant l'édit, il pleure, et s'écrie : *Je jure que, si la nécessité ne m'y réduisait, je ne le souffrirais pas. Dieu est témoin de ma sincérité, et je dédommagerai mes pauvres sujets, ou la mort m'en empêchera.* O saint amour des peuples ! embrase l'ame des rois; toi seul peux écarter les calamités de la guerre et les vexations de l'impôt; toi seul peux faire sentir les droits de l'humanité !...

Finissons par ces deux traits de bienfaisance ou d'économie bien entendue, dont le but est le bonheur de ses sujets. Louis XII, quoique accablé d'ennemis et obligé de soutenir de longues guerres, dont les succès furent variés et quelquefois malheureux, diminua d'un tiers les subsides établis sous le règne précédent, et réduisit, en cinq ans, les tailles à moitié.

Peuple français, ses dernières paroles te furent consacrées ; son dernier vœu fut pour ton bonheur. Le Roi, se sentant affaibli, avait mandé le duc de Valois : *Je me meurs*, lui dit-il ; *je vous recommande nos sujets....* Le bon roi Louis, le père du peuple, est mort ; c'est ainsi que les crieurs publics annoncèrent cet événement désastreux.

Les grands le regrettèrent moins que le peuple. Les courtisans pouvaient-ils aimer un prince, le vengeur des faibles contre l'oppression des puissants ; un roi sous lequel on ne voyait, ni mariages forcés, ni confiscations au profit des délateurs, ni distributions de domaines, ni augmentation de gages ? Aussi les sangsues de la cour, qui avaient profité de tous ces abus d'autorité sous Louis XI, lui donnaient hautement la préférence ; mais ce jugement intéressé n'a pas été adopté par les historiens impartiaux. *La justice d'un prince l'oblige à ne rien devoir, plutôt que sa grandeur à beaucoup donner :* c'était un de ses principes. *J'aime mieux*, dit-il un jour, *voir les courtisans rire de mon avarice que de voir mon peuple pleurer de mes dépenses.*

On ne peut parcourir sans attendrissement cette époque de notre histoire, où les hommes furent si heureux. On ne peut prononcer le nom du *père du peuple* sans une sainte vénération : les bons rois inspirent une espèce d'idolâtrie.

On a imprimé ses *lettres* au cardinal d'Amboise, Bruxelles, 1712, quatre vol. in-12. Elles sont bien écrites pour le temps où il vivait. Peu de souverains ont porté aussi loin que Louis XII la considération pour les gens de lettres. Il appela auprès de lui les plus savants hommes d'Italie, leur accorda des pensions, des honneurs ; plusieurs d'entr'eux furent chargés d'ambassades, et parvinrent aux premières places. Ce monarque possédait une des plus amples collections d'anciens manuscrits qui fussent en Europe. Cicéron était son auteur favori ; il aimait surtout ses traités des Offices, de la Vieillesse et de

l'Amitié. L'abbé Tailhié a donné sa vie,
Paris, 1755, 3 vol. in-8°.

« Si Louis XII, remarque Voltaire, ne
« fut ni un grand héros ni un grand po-
« litique, il eut la gloire plus précieuse
« d'être un bon roi, et sa mémoire sera
« toujours en bénédiction à la postérité. »
On eût pu mettre sur son tombeau :

Ci-gît un roi, ou pour mieux dire un père,
Dont le cœur tendre et les yeux vigilants,
Soit que le sort fut propice ou contraire,
Dans ses sujets vit toujours ses enfants.

LOUIS XVI,

Roi de France, né à Versailles le 23 août 1754.

Louis XVI était le second fils de Louis,
dauphin de France, et de Marie-Joséphine
de Saxe. Il reçut en naissant le titre de duc
de Berri. Son ame franche et sans déguisement s'ouvrit de bonne heure à tous les
sentiments vertueux, et son esprit droit et
sérieux à toutes les connaissances utiles.
En 1765, il perdit son père, qui laissait

fant de regrets, et, bientôt après, sa mère, qui ne put survivre à son époux. La douleur du jeune prince fut extrême ; il refusa long-temps de sortir ; et, lorsqu'en traversant les appartemens, il entendit dire pour la première fois, *Place à M. le dauphin*, des pleurs inondèrent son visage, et il s'évanouit. Le premier événement de sa vie fut son mariage avec la fille de l'immortelle Marie - Thérèse, Marie - Antoinette d'Autriche, qui devait partager son trône et ses malheurs. Les fêtes données à l'occasion de ce mariage (16 mai 1770), mal ordonnées par la police, coûtèrent la vie à un grand nombre de spectateurs ; triste présage du sort qui attendait ces époux infortunés. Bientôt la mort de Louis XV (10 mai 1774) lui imposa un fardeau qu'il n'accepta qu'en tremblant. La faveur publique s'attache d'ordinaire aux jeunes rois : Louis XVI, âgé de vingt ans, le méritait à bien d'autres titres ; il parvint au trône avec la réputation d'un prince qui voulait le bonheur du peuple ; il en avait donné des preuves dans quelques circonstances particulières.

9.

Un jour qu'il était à la chasse, le cocher de sa voiture, se hâtant d'arriver au lieu où le cerf était cerné, allait traverser un champ de blé; Louis l'arrête et lui ordonne de prendre un détour, en disant : *Pourquoi mes plaisirs feraient-ils tort au pauvre ? ce blé ne m'appartient pas.* Lors de son mariage, la fête que l'on donna à Paris fit périr, par le défaut d'ordre et de précaution, plus de quatre mille personnes, sur cette place, observe un écrivain, où l'infortuné Louis XVI devait un jour périr lui-même. Louis, vivement affligé de ce triste événement, écrivit au lieutenant de police : *Je suis pénétré de tant de malheurs. On m'apporte en ce moment ce que le roi me donne tous les mois ; je ne puis disposer que de cela, je vous l'envoie : hâtez-vous de secourir les plus malheureux.* Sans se permettre aucune dépense superflue, il continua de donner sa rente de chaque mois. S'il en détournait quelques sommes, c'était pour les porter lui-même en secret dans les réduits du pauvre. Quand il était surpris au milieu de ces soins dignes d'un bon prince, il disait agréablement : *Il est bien singu-*

lier que je ne puisse aller en bonne fortune sans qu'on le sache. Le peuple aime les rois qui paraissent sensibles à ses maux : aussi, quand Louis XVI parvint au trône, ce fut une joie générale en France ; lui seul s'en affligea. On rapporte qu'il s'écria : *O mon Dieu ! quel malheur pour moi !* La négligence et les désordres de son prédécesseur lui avaient en effet préparé un règne épineux : il le prévoyait sans doute. Pour l'aider à porter le fardeau du gouvernement, il choisit les personnes qu'il crut les plus habiles et les plus vertueuses, celles surtout qui lui étaient désignées par l'estime publique.

Le premier édit de son règne fut un bienfait ; il dispensa les peuples du paiement du droit connu sous le nom de *Joyeux avénement*, dont il aurait pu tirer de très grosses sommes. Le second fut un acte de justice ; il rassura les nombreux créanciers de l'état, et promit d'acquitter la dette publique. On remboursa effectivement vingt-quatre millions de la dette exigible, cinquante de la dette constituée, et vingt-huit des anticipations. On supprima les pensions abusives ; on diminua celles qui étaient peu méritées. L'économie du monarque servit d'exemple. On lui représenta qu'il la poussait trop loin : *Eh! que m'importent l'éclat et le luxe*, s'écriat-il; *de vaines dépenses ne sont pas le bonheur.* Dans le dessein de borner le ravage de l'usure, un *Mont-de-Piété* fut établi dans la capitale, et présenta des ressources aux indigens, au prix du plus modique intérêt. On forma une caisse d'escompte destinée à augmenter la circulation du numéraire, et à faciliter les opérations du commerce. La bonté du monarque cherchait à s'exercer dans toutes ces opérations. Ce fut sous ce règne que les restes humiliants de la féodalité furent détruits. Le peuple des campagnes était forcé de quitter ses travaux, quelque pressés qu'ils fussent, pour s'occuper de la réparation des grandes routes : on supprima cette espèce de servitude, connue sous le nom de *corvée.* Quelques malheureux gémissaient encore dans les chaînes de la servitude personnelle; Louis voulut que tous les Français fussent libres, et il affranchit les serfs de ses domaines. Il porta aussi ses regards paternels sur les tribunaux : on était encore dans la coutume de faire souffrir aux accusés des tortures horribles, qui leur arrachaient quelquefois l'aveu de crimes qu'ils n'avaient pas commis; ces atrocités, dignes des antropophages, cessèrent de déshonorer notre législation criminelle.

Louis XVI rendit plus tard aux *protestans* la plénitude des droits civils (1787), en imprimant à leurs mariages un caractère légal; bienfait immense, n'eût-il été qu'un acte de justice, et trop mal reconnu.

De si beaux commencements semblaient annoncer un règne heureux, et qui ne méritait que des bénédictions; la providence en disposa autrement. La guerre d'Amérique, d'ailleurs glorieuse, ouvrit, pour ainsi dire, la porte à tous les malheurs : elle augmenta le désordre des finances, et nous attira, de la part des Anglais, une haine active et durable, qui alimenta bientôt les troubles intérieurs de la France, et qui ne contribua pas pour peu à conduire l'infortuné Louis XVI à l'échafaud. Le déficit dans les finances fut la première étincelle de la révolution ; mais cette étincelle trouva mille matières combustibles, et l'incendie couvrit toute notre malheureuse patrie.....

Dès les premiers jours de son règne, Louis XVI, malgré son extrême jeunesse, sentit qu'un roi devait consulter la sagesse et l'expérience. Qu'on juge, par la lettre qu'il écrivit à M. le comte de Maurepas, qui, sous le règne précédent, avait été long-temps ministre de la marine, combien ce jeune monarque voulait s'occuper du bonheur de la France. *Dans la juste douleur qui m'accable, et que je partage avec tout mon royaume, j'ai de grands DEVOIRS à remplir. Je suis roi; ce nom renferme bien des obligations : mais je n'ai que vingt ans, et n'ai pas les connaissances qui me sont nécessaires. La certitude que j'ai de votre probité et de votre habileté dans les affaires m'engage à vous prier de me donner vos conseils. Venez donc le plus tôt qu'il vous sera possible.*

Dans le premier conseil que Louis XVI tint à Choisy, après la mort de son au-

guste aïeul, il dit ces paroles remarquables :
Mon desir le plus grand est de rendre mon peuple heureux. (JOURNAL ENCYCLOPÉDIQUE, Juin 1774, part. I.)

Dans une circonstance où le peuple, transporté de joie, cherchait à contempler de plus près ses souverains, et s'approchant en foule du carrosse de leurs majestés, pressait la garde qui le repoussait, le roi dit : — *Laissez, laissez ces bonnes gens ; ils n'ont point envie de nous faire du mal.* — La reine disait de l'autre côté : *Vous avez du plaisir à nous voir, et nous aussi.*

Le roi et la reine aperçurent, en se promenant dans le parc de Versailles, une jeune fille qui portait une écuelle avec quelques cuillers d'étain. « *Que portes-tu là, mon enfant ?* lui dit la princesse. — *Madame, c'est de la soupe pour mon père et ma mère qui travaillent là-bas aux champs. — Et avec quoi est-elle faite cette soupe ? — Avec de l'eau, madame, et des racines. — Quoi ! sans viande ? — Oh ! madame, nous sommes bien heureux quand nous avons du* pain. — *Eh bien, porte ces dix louis à ton père, afin que vous ayez de meilleure soupe.* — *Mon ami, suivons cet enfant,* dit ensuite la princesse au roi, *et voyons ce qu'elle deviendra.* » Ils la suivirent en effet, et considérèrent de loin le bon homme, courbé sous le poids de son travail, qui, dès que sa fille lui eut remis les dix louis, et lui eut fait part de son heureuse rencontre, tomba à genoux avec sa femme et ses enfants, et leva les mains vers le ciel. « *Ah! vois-tu, mon ami,* s'écria la reine, *ils prient pour nous. QUEL PLAISIR ON GOUTE A FAIRE DU BIEN! Ton cœur ne te dit-il rien à un spectacle aussi touchant?* — *Mettez votre main là,* dit le jeune roi, en posant sur son cœur celle de son épouse.— *Oh! ton cœur est vivement agité; tu es sensible, et je suis contente.* (Mercure de France. Janvier 1775, t. I., p. 200.)

Dans le mois d'octobre 1775, on assure que le roi répondit aux représentations de l'assemblée du clergé touchant les livres qui peuvent être dangereux pour la religion : *Il est du devoir des évéques de*

réprimer eux-mêmes les progrès de l'er-
reur par l'instruction publique, la pré-
dication, la charité, les bons exemples,
et par de bons ouvrages.

Le roi étant à la chasse, dans le mois d'août 1775, il survint un violent orage qui obligea *Monsieur* et Monseigneur le comte d'Artois de se retirer dans une maison de paysan, où ils trouvèrent une femme avec quatre filles, dont deux étaient nubiles, et deux autres fort jeunes. Tandis que ces princes attendaient dans cette retraite la fin de l'orage, Monseigneur le comte d'Artois demanda à la seconde des filles si elle n'avait point d'amant ; elle répondit qu'elle en avait un, mais qu'elle n'avait point le moyen de se marier. Cette réponse naïve plut si fort au prince, qu'il lui promit une dot de vingt-cinq louis ; promesse que *Monsieur* fit aussi à l'aînée. Le roi et la reine survinrent dans ce moment, et non moins bienfaisants que les deux princes, ils promirent dix louis à chacune des filles, le jour de leur mariage, et pareille somme aux deux plus jeunes lorsqu'elles se marieraient. Enfin, la famille royale ne se retira qu'après avoir comblé de bienfaits les quatre jeunes paysannes.

A la fin de janvier 1776, on a éprouvé en France le plus grand froid qu'on ait ressenti depuis plusieurs siècles ; celui de 1709 a perdu toute sa célébrité, puisque le thermomètre ne descendit alors qu'à quinze degrés au-dessous de la glace, au lieu que dans l'hiver de 1776 il a été jusqu'à seize degrés et demi au - dessous de zéro.

Au milieu de l'âpreté de ce froid excessif, notre jeune monarque parcourut souvent *incognito* les rues de Versailles, pour voir par lui-même si l'on distribuait exactement aux pauvres le bois qu'il avait ordonné qu'on brûlât en différens quartiers.

Pendant ce froid si rigoureux, la bonté et l'humanité de Louis XVI l'ont porté à supprimer les sentinelles à Versailles. Il n'y avait plus de troupes sous les armes à l'extérieur du château ; les pauvres avaient la liberté d'y entrer et de pénétrer dans les cuisines ; ils s'y chauffaient, emportaient de la braise, et on leur distribuait de la soupe : ils étaient même également bien reçus dans les galeries et dans les autres pièces. On avait aussi allumé pour eux, par ordre du Roi, de grands feux dans tous les quartiers de la ville. Sa Majesté avait ordonné qu'on la laissât passer sans battre aux champs : elle sortait chaque jour avec peu de suite, et se promenait dans les rues, afin d'y donner des secours aux indigents. (*Journal Encyclopédique*, mars 1776, partie II, p. 534-35.)

On nous a dit que, dans une de ces courses, sa Majesté rencontra un enfant qui lui demanda l'aumône : *Que ferez-vous de l'argent que je vous donnerai?* demanda le monarque. — *Hélas, Monsieur*, répondit le jeune infortuné, *je le porterai à mon pauvre père, malade depuis plusieurs jours, et qui est sur le point de mourir, faute d'avoir du pain et du bois pour se chauffer.* Le Roi désira de savoir si le récit de l'enfant était véritable, et lui dit de le conduire chez lui. Arrivé dans la plus triste demeure, le monarque vit en effet un vieillard infirme, couché sur la paille, et dépourvu de tout, dans une saison où les riches mêmes souffraient de la rigueur du froid. Le prince, les yeux baignés de larmes, se hâta de prodiguer des secours à cet infortuné, et lui fit au plus tôt apporter un lit, et tout ce qui pouvait lui être nécessaire pour adoucir son indigence.

Quelqu'un digne de foi nous assure qu'une personne de la première distinction présenta au Roi un jeune abbé d'une famille très illustre, et supplia sa Majesté de le nommer à un évêché vacant. « *Mais*, observa le monarque, *M. l'abbé est bien jeune pour être en état de remplir les devoirs de l'épiscopat.* — *Oh !* répondit le protecteur, *il y a dans l'évêché que j'ai en vue un grand-vicaire d'un âge mûr, et qui dirigera par ses conseils le nouveau prélat.* — *Eh bien*, reprit le Roi, *il n'y a qu'à nommer évêque le grand-vicaire, et mettre à sa place M. l'abbé, afin qu'il ait le temps de s'instruire beaucoup mieux des vertus qu'exige la prélature.* » Cet arrangement si sage fut en effet exécuté.

On ne peut se rappeler sans attendrissement le billet que Louis XVI, n'étant encore que dauphin, écrivit, la veille de la mort de Louis le Bien-Aimé, à l'abbé Terray, alors contrôleur général des finances. Le voici :

Monsieur le contrôleur-général, je vous prie de faire distribuer sur-le-champ 200,000 fr. aux pauvres de Paris, pour prier Dieu pour le Roi ; et si vous trouvez que c'est trop cher, retenez-les sur nos pensions à madame la dauphine et à moi.

Quelques jours après que Louis XVI fut monté sur le trône, on trouva ce mot latin écrit au bas de la statue de Henri IV : *Resurrexit. (Mercure de France,* mars 1775, p. 112.)

Les moindres paroles et les moindres actions de ce monarque, doivent être saisies et publiées, parce qu'elles achèvent de nous faire connaître son caractère. Un journal étranger prête à ce souverain un discours que je vais rapporter, comme étant conforme à la façon de penser de ce prince bienfaisant et pacifique ; voici les

propres termes du correspondant français :
« Notre Roi parle peu ; mais presque tou-
« jours ce qu'il dit mérite d'être recueilli.
« Un jour on lui disait que la masse du
« peuple, en France et en Angleterre, sem-
« blait s'ennuyer de la paix et desirer la
« guerre. — *Le temps propre aux opéra-*
« *tions de la guerre*, répondit le jeune mo-
« narque, *ne convient point à mes sujets :*
« *au printemps ils ensemencent ; ils cul-*
« *tivent pendant l'été ; en automne, ils*
« *recueillent pour eux et pour moi.* »

Je trouve deux leçons différentes de l'a-
necdote que j'ai rapportée ci-dessus. Je vais
mettre le lecteur à même de comparer les
deux manières de narrer un même fait. J'ai
dit, d'après l'un des rédacteurs du *Mer-*
cure de France, qu'il était arrivé en
1775 ; et point du tout, on nous apprend
dans le *Journal Encyclopédique* (1),
que ce fut en 1774, avant que Louis XVI
eût monté sur le trône ; ce qui est un peu
différent, comme l'on voit. Au reste, que
l'on choisisse celui des deux récits qu'on
aimera le mieux ; voici la seconde version :

____

(1) Août 1774, part. I, p. 457.

Madame la dauphine, se promenant dans le parc de Versailles avec le prince son époux, vit passer un petit garçon qui portait de la soupe dans une écuelle, et lui dit : *Que portes-tu là, et où vas-tu, mon enfant?* — *Madame, c'est de la soupe pour mes frères et sœurs.*—*Combien en as-tu donc?*—*Huit, Madame.*—*Que fait ton père?*—*Il est journalier, et travaille dans ces jardins.* — *Combien gagne-t-il par jour pour nourrir une si grande famille?*—*Vingt-quatre sous l'été, et vingt sous l'hiver.* — *Goûtons cette soupe,* dit madame la dauphine à son époux.—*Cela n'est pas fort ragoûtant.* — *Cependant, Monsieur, ce sont des hommes comme nous qui s'en nourrissent.* Elle tira ensuite de sa bourse quatre louis d'or, les enveloppa dans un papier, et dit à l'enfant de porter cela à son père. — *Suivons-le,* ajouta la princesse, *pour voir comme il fera cette commission.* — L'enfant court porter la soupe à ses frères et sœurs, et, sans s'arrêter, il se hâte de regagner la cabane de son père. Il arrive, et jette le petit paquet sur la table, en s'écriant : *Tenez, mon papa, nous voilà bien riches.* Le bon homme, effrayé de voir cet or, dit aussitôt : *Malheureux ! où as-tu pris cela ? — Je ne l'ai pas pris ; une belle dame me l'a donné dans le parc. — Est-il bien vrai ? — Oui, mon ami,* dit la princesse, qui écoutait à la porte, *c'est moi qui vous ai envoyé ce peu d'argent.* — L'infortuné paysan la reconnaît, et se jette à ses pieds en versant des larmes de joie et de reconnaissance. « *Eh bien, Monsieur,* dit en s'en allant la princesse à son époux, *n'êtes-vous pas attendri de ce spectacle ? Ne ressentons-nous pas la plus douce et la plus pure satisfaction ? Nous faisons souvent l'aumône ; mais il y a peu de gens de notre état qui sachent bien la faire.*

En 1775, Louis XVI donna 100,000 fr. à la Lorraine pour subvenir aux besoins des pauvres, en les employant aux travaux publics. Plusieurs villes de cette province s'empressèrent d'en témoigner leur reconnaissance par des prières publiques pour la prospérité du règne de notre jeune souverain.

L'abbé de Firmont assista, dans ses derniers moments, l'infortuné Louis XVI. Ce prince lui rappela ce qu'il avait fait pour ses sujets, dont il avait sincèrement desiré le bonheur. *Je suis bien sûr, dit-il, que les Français me regretteront un jour: oui, je suis sûr qu'ils me rendront justice quand ils auront la liberté d'être justes; mais aujourd'hui ils sont bien malheureux.*

Avant de marcher au supplice, Louis avait déposé entre les mains de quelques officiers municipaux un *testament* écrit de sa main, et daté du 25 décembre 1792. Il fut lu dans la séance de la Commune le jour de l'exécution (21 janvier 1793). Sa touchante simplicité, le généreux oubli qu'on y remarque de tout sentiment de vengeance, honore le souvenir de son auteur. Quelque opinion que les orages des temps aient pu faire naître sur son caractère; on ne pourra lire sans émotion ces passages :

Impliqué dans un procès dont il est impossible de prévoir l'issue, à cause des passions des hommes, et dont on ne trouve aucun prétexte dans aucune loi existante ; n'ayant que Dieu pour témoin de mes pensées, et auquel je puisse m'adresser ; je prie tous ceux que je pourrais avoir offensés par inadvertence, car je ne me rappelle pas d'avoir fait sciemment aucune offense à personne, de me pardonner le mal qu'ils croient que je puis leur avoir fait.....

Je pardonne de tout mon cœur à tous ceux qui se sont déclarés mes ennemis, sans que je leur en aie donné aucun sujet.....

Je recommande mes enfants à ma femme ; je n'ai jamais douté de sa tendresse maternelle pour eux ; je lui recommande surtout de ne leur faire regarder les grandeurs de ce monde, s'ils sont condamnés à les éprouver, que comme des biens dangereux et périssables.

Je recommande à mon fils, s'il avait le malheur de devenir roi, de songer qu'il se doit tout entier au bonheur de ses concitoyens; qu'il doit oublier toute haine et tout ressentiment, et surtout ce qui a rapport au malheur et au chagrin que j'éprouve ; qu'il ne peut faire le bonheur des peuples qu'en régnant suivant les lois ; mais, en même temps, qu'un roi ne peut les faire respecter, et opérer le bien qui est dans son cœur, qu'autant qu'il a l'autorité nécessaire ; qu'autrement, étant lié dans ses actions, et n'inspirant point de respect, il ne peut plus être utile....

Je voudrais pouvoir témoigner ma reconnaissance à tous ceux qui m'ont montré un attachement véritable et désintéressé. D'un côté, si j'ai été sensiblement touché de l'ingratitude des gens à qui je n'avais témoigné que bontés, à eux, à leurs parents ou amis ; d'un autre côté, j'ai eu la consolation de voir l'attachement et l'intérêt gratuit que beaucoup de personnes m'ont montrés, et je les prie d'en recevoir tous mes remerciements. Dans la situation où sont les choses, je craindrais de les compromettre, si je les nommais ; mais je recommande spécialement à mon fils *dé chercher les occasions de pouvoir les reconnaître....*

Je pardonne volontiers, à ceux qui me gardent, les mauvais traitements et les génes dont ils ont cru devoir user envers moi. J'ai trouvé quelques ames compatissantes; que celles-là jouissent, dans leur cœur, de la tranquillité que doit leur donner leur façon de penser.....

Je finis en déclarant devant Dieu, et prét à paraître devant lui, que je ne me reproche aucun des crimes qui sont avancés contre moi.

Si Louis eut toutes les vertus privées dont un homme peut s'honorer, s'il fut bon époux, excellent père de famille, l'impartialité avoue qu'il fut trop confiant à l'égard de ses ministres, qui abusèrent souvent de leur autorité.

Il parlait purement latin, et il apprit avec facilité l'anglais, lorsqu'il eut embrassé la défense des Américains. Dans ce qu'il a écrit, on trouve un style naturel, qui n'exclut point la force; on lui attribue un portrait du ministre Choiseul, digne de Tacite.

Ce prince infortuné , qu'une sévère loi ,
Sur un vil échafaud , fit périr comme un traître ,
    Ne parut digne d'être roi ,
    Que lorsqu'il eût cessé de l'être.
Il dut à ses malheurs l'amour de l'univers ;
Trop faible sur le trône, il fut grand dans les fers.
Le jour de son trépas fut celui de sa gloire;
Et quelque jugement qu'en porte l'avenir ,
Il faudra que l'on dise , en lisant son histoire :
S'il ne sut pas régner , au moins il sut mourir.

LOUIS LE GROS.

Avant l'établissement de la monarchie française, les Francs n'avaient qu'un petit nombre de serfs qu'ils traitaient comme leurs enfants. Les guerres augmentèrent ce nombre, parce que les prisonniers étaient en servitude. Louis II, dit le Gros, touché de voir les cultivateurs de ses états dans un dur esclavage, trouva le moyen de les affranchir par l'établissement des com-

munes dans ses domaines, et dans le Sois-
sonnais, dont le comte n'était pas assez
puissant pour s'y opposer. On composa de
tous les serfs un corps qui forma dans la
suite le tiers-état ; on leur accorda des priviléges en leur imposant des obligations
qui avaient pour objet leur propre sûreté,
et le service du Roi ; au droit de bourgeoi-
sie, on joignit la liberté de se choisir des
chefs sous le nom de maires et d'échevins ;
on leur accorda un sceau, une cloche,
etc. Le souverain les chargea de lever
dans leur territoire le nombre de soldats
qu'ils devaient fournir. Chaque paroisse
marchait sous la bannière du saint de son
église, et allait à la guerre avec son curé,
qui suivait toujours l'armée pour exercer
sur ses ouailles les fonctions de son minis-
tère. Dans la suite, on créa dans les communes un nombre de juges proportionné
à celui des habitants ; on étendit peu à peu
leur juridiction ; les maisons de ville eurent une autorité, des revenus, des offices,
des droits, des immunités, qui les mirent insensiblement en état de remplir les vues du
souverain.

Louis VI , peu de temps avant sa mort, adressa ces paroles remarquables à son fils, qu'il avait déjà fait couronner roi de France, suivant la coutume des premiers rois de la troisième race : *Souvenez-vous, mon fils, que la royauté n'est qu'une charge publique dont vous rendrez un compte rigoureux devant celui qui dispose des sceptres et des couronnes.* Si tous les princes voulaient se ressouvenir de cette maxime, on pourrait la regarder comme le plus grand service qu'un prince ait pu rendre à l'humanité.

LYCURGUE.

Eunomus, père de Lycurgue, avait été tué en voulant apaiser une guerre; Polidecte, son fils aîné, lui succéda, et mourut peu de temps après sans enfants. Alors Lycurgue fut déclaré Roi. La femme de Polidecte lui fit dire secrètement qu'elle était enceinte, et lui offrit de faire périr son enfant, s'il voulait l'épouser; mais Lycurgue n'estimait pas assez la couronne pour l'acheter par un crime : il vit que le seul parti qu'il y avait à prendre avec cette mère dénaturée était de dissimuler; il la dissuada d'avoir recours à des remèdes violens, en feignant de craindre qu'ils n'altérassent sa santé ; et il ordonna, de concert avec elle, que, si elle accouchait d'un fils, on le lui apportât aussitôt. Lorsque cet ordre fut exécuté, Lycurgue était à table avec les principaux citoyens de Lacédémone; il prit l'enfant entre ses bras, et dit d'un air de triomphe, en le montrant à tous les convives : *Seigneurs Spartiates, voici un roi qui nous est né.* Dès ce moment, il renonça à la couronne qu'il n'avait portée que huit mois, et ne prit que le titre de tuteur du roi.

Lorsque la reine sut qu'elle avait été trompée, et que Lycurgue la méprisait assez pour refuser sa main, malgré les avantages qu'elle lui avait offerts, elle répandit mille calomnies contre lui; elle osa affecter de l'inquiétude pour les jours de son fils; elle publia que Lycurgue cherchait les moyens de s'en défaire pour remonter sur le trône. Ce furent ces indignes soupçons, et l'incertitude de l'avenir, qui firent prendre à ce grand homme le parti de quitter Lacédémone jusqu'à ce que le jeune prince eût un enfant qui pût lui succéder. L'exil et les voyages font sur les bons citoyens le même effet que l'absence sur les grandes passions. Lycurgue, éloigné de sa patrie, l'aima plus fortement, et n'étudia les mœurs des autres peuples que pour apprendre à rendre le sien plus heureux. Un ancien philosophe a cru que les calomnies de sa belle-sœur lui avaient inspiré le desir de faire des choses extraordinaires, et de forcer ses concitoyens à l'estime et à l'admiration. Serait-il vrai que la calomnie, en s'acharnant contre les grands hommes, aidât à les développer, ou quelquefois même à les produire? Ce poison, le plus odieux de tous, aurait-il, comme les autres, sa destination dans la nature, et une influence sur le bien général?

Alcandre, jeune homme de Sparte, creva un œil à Lycurgue en le poursuivant dans une sédition qui s'était élevée contre ce législateur. Ses ennemis voulaient le faire passer pour le plus sévère de tous les hommes, à cause des lois qu'il venait de publier, vers l'an du monde 3151. Il donna une grande preuve du contraire dans cette occasion ; car, ayant pris ce jeune homme auprès de lui, bien loin de le faire punir il le traita comme son propre fils. Cette générosité toucha si fort Alcandre, qu'il fut le plus ardent de ses amis. Ces effets d'une noble modération sont assez communs ; cependant quelle impression font-ils sur nos cœurs, qu'un geste offense et rend altérés de sang ?

MARC-AURÈLE-ANTONIN,

Empereur romain, surnommé le Philosophe.

MARC-AURÈLE-ANTONIN, surnommé *le Philosophe*, était de l'ancienne famille des Annius. Né, l'an 121, avec un goût décidé pour toutes les sciences, il fit des progrès étonnants dans ses études, et surtout dans celle de la philosophie morale, selon les principes des Stoïciens. Mais il ne les attribuait qu'à la capacité et aux leçons assidues de ses précepteurs, et nullement à ses dispositions naturelles. Jamais disciple ne témoigna plus de reconnaissance à ses maîtres, et ne leur rendit plus d'honneurs. Non seulement il les combla de biens pendant leur vie, et leur érigea des statues d'or, qu'il plaça parmi celles de ses dieux domestiques; mais, afin que la postérité s'intéressât aussi à leur gloire, il voulut encore l'instruire des obligations qu'il leur avait; et c'est par ce détail généreux qu'il commence ses admirables réflexions.

Dès sa plus tendre enfance, il s'attira la bienveillance de l'empereur Adrien, qui voulut l'avoir toujours auprès de lui, et qui le fit chevalier, à six ans; honneur qu'on n'avait jamais fait à cet âge. Après la mort d'Adrien, et n'ayant encore que dix-huit ans, il fut adopté par Antonin le Pieux, dont il épousa la fille Faustine, et qui, en lui donnant en même temps le titre de *César*, l'associa à tous les honneurs de l'empire et du sacerdoce. Ce prince ne faisait et ne décidait rien qu'après l'avoir consulté ; et jamais il n'eut à se repentir, ni de la confiance qu'il lui témoignait, ni du crédit immense qu'il lui donnait auprès de lui. Marc-Aurèle n'employait l'un et l'autre que pour la gloire de l'empereur, qu'à maintenir la liberté, et qu'à accroître la félicité du peuple. Plus son pouvoir augmentait, plus il avait de respect et de déférence pour Antonin. La reconnaissance l'avait rendu l'ami tendre et sincère de son bienfaiteur. Pendant vingt-trois ans qu'il fut dans son palais, il ne le quitta point ; et l'on remarque qu'il ne coucha que deux fois ailleurs.

Cette assiduité extraordinaire, qui caractérise si noblement le cœur de Marc-Aurèle, avait si fort touché Antonin, qu'il n'écouta jamais les discours de ceux qui s'efforçaient de lui donner des soupçons contre lui ; et l'union de ces deux princes dura entière et parfaite, jusqu'à la mort d'Antonin.

Marc-Aurèle lui ayant succédé, l'an

161 , signala son avénement à l'empire par
une preuve éclatante de sa grandeur d'ame
et de la générosité de sa vertu, en le par-
tageant avec Lucius Verus, qu'Antonin
n'avait pas voulu adopter, quoiqu'il n'eût
été adopté lui-même par Adrien qu'à cette
condition. Il prit ensuite le nom de son
bienfaiteur, et le donna, avec sa fille
Lucille, à son collègue, qu'il nomma
empereur. Ce fut la première fois que
Rome se vit gouvernée par deux souverains.

Pendant que Verus faisait la guerre aux
Parthes, les Allemands se révoltèrent, firent une irruption en Italie, et y portèrent la désolation. Marc-Aurèle, que la
prudence et la nécessité des affaires avaient
jusques-là retenu à Rome, et qui avait autant de courage que de philosophie, partit,
se mit à la tête de son armée, et attaqua
brusquement les ennemis.

Le combat fut long et opiniâtre ; mais
enfin les Allemands furent battus et taillés
en pièces. Quelque grande que fût cette
victoire, et quelque plaisir qu'elle lui fît ,
il eut cependant la force de résister à ses

troupes victorieuses, qui le priaient d'augmenter leur paye; et, malgré leurs instances, il leur répondit, *que, de leur donner de l'argent pour cet heureux succès, ce serait leur faire des libéralités aux dépens du sang de leurs pères et de leurs parents, dont il devait rendre compte aux dieux.*

Cette réponse admirable était la conséquence naturelle des principes de sa morale, qu'il ne sacrifia jamais à aucune circonstance. En quelque danger même qu'il se trouvât, ni la crainte ni la complaisance n'affaiblirent jamais sa fermeté, et ne purent l'obliger à passer en rien les bornes de la plus exacte justice. En un mot, il joignait la pratique la plus sévère de la morale à la profession qu'il en faisait.

Constant et modeste, grave et complaisant, clément et juste, aussi indulgent pour les autres que rigide pour lui-même, insensible à la vaine gloire, inébranlable dans ses desseins, qu'il formait toujours après de mûres réflexions, et jamais par caprice ou par passion; ennemi des délateurs, pieux sans affectation, modéré en toutes choses, toujours égal, toujours le maître de son ame, toujours soumis à la Providence et à la raison, et sans cesse en garde contre l'amour-propre; incapable de déguisement, toujours vrai dans ses paroles comme dans ses actions, jamais ni impatient ni inquiet, très prompt à pardonner les fautes quand elles n'offensaient que lui seul, et inexorable quand la dernière nécessité, c'est-à-dire, l'intérêt public, le forçait à les punir; toujours occupé du bonheur de ses peuples et du plaisir de faire du bien aux hommes, l'ami compatissant et le père des pauvres : tel était Marc-Aurèle, au milieu des alarmes et des calamités de la guerre, comme dans le sein de la paix.

Verus étant mort d'apoplexie, au retour de l'expédition contre les Parthes, Marc-Aurèle prit seul les rènes du gouvernement. Aussi heureux guerrier que sage philosophe, il triompha plusieurs fois des Quades, des Marcomans, des Sarmates et des Vandales; et ces barbares apprirent enfin à le craindre, autant qu'il était respecté et aimé des Romains.

Il s'occupa alors tout entier à établir le bonheur de la république sur des lois sages et une police prudente, qui, d'elles-mêmes, pour ainsi dire, rendissent chaque particulier tranquille et heureux. Tous les états, toutes les conditions, furent l'objet de ses soins bienfaisants. La justice prit une nouvelle forme; elle fut prompte sans être moins réfléchie, clémente sans cesser d'être exacte. La magistrature ne fut composée que de juges intègres. Des pupilles eurent un *tutélaire* qui prit soin de leurs intérêts; tous les mineurs, sans aucune exception, eurent des curateurs; les talens utiles furent encouragés; le mérite eut des récompenses, et la vertu des honneurs et des dignités: un citoyen sage et vertueux était sûr de l'estime et des bonnes grâces de son empereur. C'est ainsi que ce prince prouvait à tous ses sujets la vérité de ce mot de Platon: *Que les peuples seraient heureux, si les philosophes étaient rois, ou si les rois étaient philosophes!* Quoiqu'il fût d'une santé faible et délicate, rien n'était capable d'arrêter son zèle pour le bien public; il y employait la nuit comme le jour. *Ce sont*, disait-il, *les obligations que m'impose ma condition de législateur et d'empereur.*

Il aurait cru commettre une impiété, s'il eût perdu en choses vaines et inutiles un seul de ses moments ; ceux mêmes qu'il donnait par complaisance aux jeux et aux spectacles, n'étaient pas oisifs ; car il y lisait toujours ou y écrivait. Dans ses voyages et dans ses expéditions, au milieu des affaires les plus difficiles, il mettait à profit tout le temps que d'autres eussent pris pour se délasser ; il l'employait sans relâche à s'entretenir avec lui-même, et à se demander un compte exact de sa conduite, de ses pensées et de ses desseins. C'est à ce merveilleux emploi de ses moments particuliers, que nous devons l'ouvrage immortel de sa Philosophie.

Il s'informait très exactement de ce qu'on disait de lui, non pas pour punir ceux qui en parlaient avec trop de liberté, mais pour connaître ce qu'on approuvait ou ce qu'on blâmait dans sa conduite, et profiter de la censure du public

pour se corriger, ou de ses louanges pour
continuer de faire le bien. Toutes les fois
qu'on parlait mal de lui, et qu'on l'accu-
sait de quelque défaut ou de quelque vice
qu'il n'avait pas, il répondait ou par lettres ou de vive voix à ses accusateurs, bien
moins pour se justifier que pour les désabu-
ser et les instruire.

Persuadé que la force des états consiste
principalement dans le conseil des sages ,
il n'entreprenait jamais rien d'un peu important, ni dans la guerre, ni dans la
paix, sans consulter, non seulement ses
conseillers ordinaires, mais encore ceux
qui avaient la réputation d'être les plus
habiles, et qu'il choisissait à la cour, à la
ville et au sénat. Bien loin alors d'avoir la
fausse ambition de les entraîner dans ses
sentiments, il se faisait un mérite et un
plaisir de se rendre à leurs avis. *Il est bien
plus juste*, disait-il, *que je suive lé conseil de tant de grands personnages qui
sont tous mes amis, qu'il ne l'est que
tant de grands personnages suivent les
miens.*

Religieux observateur de sa parole, il

blâmait hautement les fausses raisons de
ces politiques qui soutiennent qu'un prince
prudent et habile n'est pas obligé de la tenir, quand elle blesse ses intérêts, et qu'il
peut même s'en servir comme d'un appât
pour faire tomber dans ses piéges ceux à
qui il l'a donnée ; et ce fut pour détruire,
autant qu'il le pouvait, ces principes per-
nicieux, qu'il fit cette maxime si digne de
toute l'attention des princes : *Gardez-
vous bien d'estimer jamais comme utile
une chose qui vous forcera un jour à
manquer de foi.*

Il ne voulut jamais recevoir les titres
magnifiques et orgueilleux qu'on avait
donnés aux autres empereurs, ni souffrir
qu'on lui élevât des temples et des autels.
C'est de la vertu seule, répondait ce
sage prince, *qu'il dépend d'égaler les
empereurs aux dieux, et non pas des
suffrages et des flatteries des peuples.
Un roi qui règne avec justice a toute
la terre pour son temple, et tous les
gens de bien pour prêtres et pour ministres.*

Pour exciter dans le cœur de ses sujets

la générosité et la bienfaisance réciproque,
il fit bâtir un temple à la déesse qui pré-
sidait aux bienfaits, et qui était peut-être
la seule vertu à qui les Romains n'avaient
point encore rendu de culte. Il n'appartenait en effet d'introduire ce culte nouveau
qu'à un prince comme Marc-Aurèle, qui
en savait si parfaitement toutes les cérémonies et tous les usages, et qui les pratiquait sans cesse avec tant de plaisir.

Un prince si bon et si exactement le
père et l'ami de son peuple, devait-il s'attendre à trouver un ingrat et un rebelle
dans l'un de ses lieutenants, dans celui-là
même à qui il donnait les témoignages les
plus distingués de son estime ? Mais la perfidie de Cassius, qui s'était fait déclarer
empereur, ne servit encore qu'à faire bril-
ler avec plus d'éclat la philosophie héroïque
de Marc-Aurèle, qui ne voulut croire cette
trahison que lorsqu'il en eut les preuves les
plus complètes. Il était alors en Pannonie,
occupé à dompter les Sarmates et les Marcomans, qui s'étaient lassés de le craindre,
et dont il triompha encore. La nécessité de

s'opposer aux progrès de Cassius, qui avait entraîné dans son parti l'Égypte, la Cilicie et la Syrie, lui parut enfin urgente; il fit assembler ses troupes, leur fit une harangue pathétique, et se mit à leur tête pour aller combattre le rebelle. Mais il apprit à Formies que Cassius avait été tué, et c'était précisément ce qu'il craignait d'apprendre; car, dans sa harangue à ses soldats, il leur avait dit : *La seule chose, mes amis, que j'appréhende, c'est que Cassius, n'ayant point le front de soutenir notre présence et de paraître à nos yeux, ne se tue lui-même, ou que quelqu'un, sachant que nous allons le combattre, ne nous rende ce mauvais office, et ne me ravisse le prix le plus glorieux que je puisse attendre de ma victoire. Quel est donc ce prix ? De pardonner à un ennemi, de témoigner de l'amitié à un homme qui a violé tous les droits de l'amitié, et de demeurer fidèle à un perfide. Cela vous surprend et vous paraît peut-être incroyable ; mais n'en soyez pas moins persuadés ; car enfin tout ce qu'il y a de bien n'a pas en-*

core entièrement quitté la terre, et il nous reste encore quelques traces de l'ancienne vertu. Si les dieux me font la grâce de mettre une heureuse fin à ces désordres, j'aurai la satisfaction de vous faire voir ce qui vous semble présentement impossible, et je tirerai au moins un bien de ce grand mal; c'est que je convaincrai les hommes de cette importante vérité, qu'on peut faire un bon usage même des guerres civiles.

Marc-Aurèle témoigna publiquement la douleur que lui causait la mort de Cassius, et il écrivit ainsi à l'impératrice Faustine : *J'ai lu et relu à Formies la lettre par laquelle vous m'exhortez à punir les complices de Cassius. Mais, pour moi, j'ai résolu de pardonner à ses enfants, à sa femme et à son gendre; et je vais écrire au sénat, afin que leur proscription ne soit pas trop dure, ni leur punition trop sévère ; car il n'y a rien qui rende un empereur romain plus recommandable que la clémence. C'est elle qui a élevé César et Auguste au rang des dieux, et qui a fait mériter le nom de pieux à notre père. Enfin, si cette guerre avoit pu se terminer selon mes souhaits, Cassius même n'eût pas été tué.*

Il écrivit en effet au sénat, et le pria de ne point poursuivre dans toute la rigueur des lois la famille et les complices de Cassius. « Je vous conjure, lui dit-il, de vous relâ-
« cher de votre sévérité ordinaire, et de ne
« pas faire ce tort à ma piété et à ma clé-
« mence, ou plutôt à la vôtre, de con-
« damner personne à mort : qu'aucun sé-
« nateur ne soit puni ; rappelez les exilés,
« et que les proscrits jouissent de leurs
« biens. Plut à Dieu que je pusse aussi re-
« tirer du tombeau ceux qui sont morts !
« car je n'approuve nullement la ven-
« geance qu'un empereur prend de ses in-
« jures particulières ; elle paraît toujours
« trop grande, quelque juste qu'elle soit.
« C'est pourquoi vous pardonnerez aux en-
« fants de Cassius, à sa femme et à son gen-
« dre. Mais que dis-je, vous pardonnerez :
« eh ! ils n'ont rien fait. Qu'ils vivent
« donc en repos, et qu'ils sentent qu'ils
« vivent sous le règne de Marc-Antonin.

« Qu'on leur rende le bien de leur fa-
« mille ; qu'ils aient leur or , leur argent
« et leurs meubles ; qu'ils soient riches
« sans crainte, et dans une entière liberté ;
« et que , partout où ils iront, ils y portent
« des marques de ma piété et de la vôtre. »

Marc-Aurèle passa en Egypte et en Syrie , pour achever d'apaiser la révolte, et
de faire rentrer dans leur devoir les peuples et l'armée d'Orient. Il brûla , sans les
avoir lues, toutes les lettres qui avaient été
trouvées dans le cabinet de Cassius, *afin ,*
dit-il à ceux qui en était surpris, *de n'être
point forcé , malgré lui , de haïr quelqu'un ;* et il pardonna à toutes les villes
qui avaient suivi le parti du rebelle.

Après avoir rétabli le calme dans l'O-
rient, il reprit le chemin de Rome, et
passa par Athènes, où il fut initié, selon
ses souhaits, aux grands mystères de Cérès.
C'était la plus solennelle et la plus reli-
gieuse de toutes les dévotions des païens.
Pour y être admis, il fallait avoir toujours
mené une vie innocente, et n'avoir point
le moindre crime à se reprocher. C'était
même la coutume de s'y préparer par un

examen général qu'on faisait devant un prêtre commis pour juger de l'état de ceux qui se présentaient.

Il fut reçu à Rome, dont il avait été absent près de huit ans, avec toutes les démonstrations de la joie la plus respectueuse, la plus vive et la plus sincère,; et, pour témoigner combien il y était sensible, il distribua à tout le peuple huit pièces d'or par tête, lui remit tout ce qu'il devait au trésor public et particulier, depuis soixante ans, et fit brûler tous les billets de cette dette au milieu de la place. Il se retira ensuite pour quelque temps à Lavinium, où il se reposa entre les bras de la philosophie, qu'il appelait sa mère. Cependant, comme il savait qu'un peuple victorieux et paisible ne peut se passer de spectacles, et que la prudence veut même qu'on l'amuse par des jeux innocents, pour le délasser de son travail, et pour l'empêcher de penser à des nouveautés qui sont toujours funestes à la république, il lui en donna de magnifiques.

Les Scythes et les peuples du nord,

ayant repris les armes, Marc-Aurèle voulut encore aller en personne les combattre et les vaincre. Les Romains, qui le voyaient infirme, et qui craignaient que sa santé, qui leur devenait de jour en jour plus précieuse, ne succombât aux fatigues de cette nouvelle guerre, voulurent s'opposer à son dessein. Ne pouvant y réussir, ils s'assemblèrent devant son palais, et le prièrent, avec les plus grandes instances, de ne pas les quitter sans leur avoir donné auparavant des préceptes pour leur conduite, afin que, si les dieux les privaient pour toujours du bonheur de le revoir, ils pussent, avec ce secours, continuer de marcher dans le chemin de la vertu, où il les avait fait entrer par son exemple. Antonin, touché de cette prière des Romains et de leurs bonnes dispositions, passa trois jours entiers à leur expliquer les plus grandes difficultés de la morale, et à leur donner les maximes les plus solides pour régler toutes leurs actions. Il partit ensuite avec Commode, son fils, qu'il avait déjà associé à l'empire.

Son expédition fut heureuse. Il y donna,

comme dans toutes les précédentes, les plus grands exemples de valeur et de prudence. Il allait ouvrir la troisième campagne contre ces barbares opiniâtres, lorsqu'il fut attaqué à Vienne en Autriche, d'autres disent à Syrmium en Pannonie, d'une maladie qui fut bientôt désespérée, et qui l'emporta en peu de jours. Dans cette extrémité, qui est ordinairement l'écueil de la fermeté des plus grands hommes, ce sage empereur fit connaître que les vérités dont il avait toujours fait profession étaient si profondément gravées dans son cœur, que rien n'était capable de les effacer, ni même de les affaiblir.

Mais si, d'un côté, sa soumission aux ordres de la Providence lui faisait recevoir la mort agréablement; de l'autre, l'amour qu'il avait pour ses peuples remplissait son ame d'amertume. A mesure que sa dernière heure approchait, il sentait augmenter ses inquiétudes sur leur bonheur; il craignait que son fils ne l'imitât pas assez, et que sa jeunesse n'oubliât bientôt, au milieu des plaisirs et des flatteurs, les sages leçons et les exemples de vertu qu'il lui avait donnés.

La veille de sa mort, il commanda qu'on fît entrer ses amis et ses principaux officiers; et, réunissant, pour leur parler, le peu de forces qui lui restaient, il leur dit :

« La douleur que vous témoignez de
« me voir en l'état où je suis, ne me sur-
« prend pas. La compassion est naturelle
« aux hommes ; et les maux qu'ils voient
« eux-mêmes l'augmentent toujours. Mais
« je suis persuadé que ces larmes que je
« vois couler partent, pour moi, d'une au-
« tre source ; et les sentimens que j'ai pour
« vous me font raisonnablement attendre de
« votre part une amitié réciproque. Voici
« le temps favorable qui va nous donner
« lieu, à moi, de connaître si j'ai bien placé
« l'estime et la considération que j'ai tou-
« jours eues pour vous, et à vous, de me
« témoigner votre reconnaissance, en fai-
« sant voir que vous n'avez pas oublié les
« bienfaits que vous avez reçus de moi.
« Vous voyez devant vos yeux mon fils,

« que vous avez élevé vous-mêmes, et
« qui, venant d'entrer dans l'âge de l'ado-
« lescence, comme dans une mer ora-
« geuse, a besoin de sages gouverneurs,
« de peur qu'emporté par ses passions
« comme par des vents impétueux, il n'aille
« se précipiter dans les vices. Au lieu donc
« d'un père qu'il va perdre, faites qu'il en
« retrouve plusieurs en vous ; ayez soin de
« sa jeunesse ; donnez-lui les conseils dont
« il a besoin ; représentez-lui que, ni tou-
« tes les richesses du monde ne sont suffi-
« santes pour satisfaire le luxe des tyrans,
« ni les gardes qui veillent autour de leurs
« palais, capables de les défendre contre
« la haine des peuples. Faites-lui remar-
« quer qu'on ne voit de règnes longs et
« tranquilles que ceux des princes qui, au
« lieu d'exciter la haine par leurs cruau-
« tés et leurs violences, ont, au contraire,
« par leur douceur, fait naître l'amour
« dans le cœur de leurs sujets. Dites-lui
« sans cesse que ce ne sont pas ceux qui ser-
« vent par contrainte, mais ceux qui obéis-
« sent volontairement, qui demeurent fi-
« dèles dans toutes sortes d'épreuves, et

« qui ne peuvent, en aucune rencontre,
« être soupçonnés ni de flatterie ni de dis-
« simulation ; qu'il sache que voilà les
« seuls qui ne tombent jamais dans la dé-
« sobéissance, à moins qu'ils n'y soient
« forcés par les mauvais traitemens. Mais,
« en même temps, ne vous lassez point de
« lui remettre devant les yeux combien il
« il est difficile, et cependant nécessaire,
« dans un pouvoir absolu, de modérer
« ses desirs, et de leur donner des bornes.
« Si vous l'instruisez de ces vérités, si
« vous le faites incessamment souvenir de
« ce qu'il vient d'entendre ; avec la satis-
« faction de former un bon empereur
« pour vous et pour tout l'empire, vous
« aurez la consolation de rendre à ma mé-
« moire le plus grand de tous les services,
« puisque, par ce moyen, vous l'immor-
« taliserez. »

En prononçant ces dernières paroles, il
fut saisi d'une faiblesse qui lui ôta l'usage
de la voix ; il tomba sur son lit, et mourut
le lendemain, dans la cinquante-neuvième
année de son âge, et la dix-neuvième de

son règne, laissant un regret infini à ceux de son siècle, et un souvenir éternel de sa vertu à la postérité.

Dès que la nouvelle de sa mort fut publique, ce fut une affliction générale dans l'armée et dans toute l'Italie. Jamais on n'avait vu un si grand deuil, et jamais Rome n'avait été dans une consternation si tendre. Il semblait que la gloire et la félicité de l'empire fussent éteintes avec Marc-Aurèle Antonin. Les uns l'appelaient leur père, les autres leur frère ; ceux-ci leur vaillant capitaine, ceux-là leur bon empereur, leur prince prudent, le sage, le modèle de toutes les vertus ; et, ce qui est très rare parmi tant de milliers d'hommes qui lui donnaient tous des louanges différentes, il n'y en avait pas un seul qui ne fût persuadé qu'il disait la vérité.

Le sénat et le peuple l'adorèrent avant même que ses funérailles fussent achevées ; et, comme si c'eût été peu de chose que de lui élever une statue d'or dans la chambre Julienne, où le sénat s'assemblait, et de lui décerner tous les honneurs divins, on déclara sacriléges ceux qui n'auraient pas dans leur maison, selon leur fortune, ou son portrait ou sa statue.

Ce prince si sage, si bienfaisant et si heureux pendant sa vie, le meilleur et le plus grand empereur que Rome ait jamais eu, eut le malheur, en mourant, de laisser l'empire au plus vicieux de tous les hommes, à Commode, son propre fils; mais ce fut sans doute encore un bonheur pour ce père vertueux de mourir avant que d'avoir connu les vices de son fils.

PENSÉES CHOISIES

DE MARC-AURÈLE.

DEVOIRS DE L'HOMME.

.... Respecte et cultive ton imagination ; car tout dépend d'elle, afin qu'elle n'engendre point dans ton esprit des opinions contraires à la nature, et indignes de la raison....

Conserve ton jugement libre et dégagé de toutes sortes de préjugés.... Il n'y a rien de plus indigne que de parler contre sa pensée.

..... Veux-tu réussir à être homme de bien ? Médite sans cesse sur les ordres de la nature de l'univers, et sur tous les devoirs auxquels l'homme est engagé par les lois de sa nature particulière.

La meilleure manière de se venger, c'est de ne point ressembler à celui qui nous fait injure.

Telles seront les pensées dont tu t'entretiendras d'ordinaire, tel sera aussi ton esprit ;

car notre ame prend la teinture de nos pensées. Tâche donc de la nourrir et de l'imbiber toujours de bonnes réflexions.

Les hommes sont nés les uns pour les autres : il faut donc, ou les enseigner, ou les souffrir. Corrige ou redresse les méchants, si tu le peux ; sinon, souviens-toi que c'est pour eux que la douceur et l'humanité t'ont été données.....

...... *Il n'y a rien de plus honteux, ni même de plus injuste, que de faire manger le pain de la république à des gens qui ne contribuent point à l'enrichir par leur travail.*

DES DEVOIRS DES ROIS.

Il faut que tu aies toujours présentes ces deux maximes ; l'une, de faire pour l'utilité des hommes tout ce que demande la condition de législateur et de roi ; l'autre, de changer de résolution toutes les fois que des gens habiles te donneront de meilleurs avis. Mais il faut toujours que ce changement se fasse par des motifs de justice et d'utilité publique, et jamais pour ton propre plaisir, pour ton intérêt, ou pour ta gloire particulière.

Prends bien garde, Antonin, de ne pas dégénérer en tyran. Ne prends point cette teinture ; on ne la prend que trop aisément. Conserve-toi donc simple, bon, entier, grave et sans orgueil, ami de la justice, religieux envers les dieux, doux, humain, ferme dans la pratique de tes devoirs ; et procure le salut aux hommes. Gouverne-toi comme un disciple d'Antonin le Pieux. Souviens-toi qu'il n'entreprenait rien qu'avec raison. Avec quel dédain il rejetait la calomnie ; avec quelle bonté il souffrait les plaintes injustes qu'on faisait de lui. Il n'était ni timide ni soupçonneux, ni prompt à se mettre en colère. N'oublie jamais le mépris qu'il avait pour la vaine gloire, sa sobriété, son application aux affaires, à quel point son amitié était égale et constante, et avec quelle joie il écoutait ceux qui s'opposaient librement à ses avis et qui lui en donnaient de meilleurs.

Je n'approuve nullement la vengeance qu'un empereur prend de ses injures particulières ; elle paraît toujours trop grande, quelque juste qu'elle soit.

Voici un excellent mot d'Antisthène : faire du bien, et entendre dire du mal de soi patiemment, c'est une vertu de roi.

Il dépend de la vertu seule d'égaler les princes aux dieux, et non pas des suffrages et des flatteries des peuples. Un roi qui règne avec justice, a toute la terre pour temple, et tous les gens de bien pour prêtres et pour ministres....

..... Un empereur ne doit jamais rien faire

avec précipitation et comme en passant ; la plus petite négligence est capable de lui attirer, sur les choses essentielles, des reproches fâcheux.

Les sujets qui voient un prince libéral en public, et ménager dans son domestique, payent les charges avec plus de joie, parce qu'ils sont convaincus que ses richesses sont la source de leur abondance et de leur félicité.

DE LA CONDUITE DU SAGE.

..... Va toujours par le plus court chemin, c'est celui qui est selon la nature ; et il est selon la nature de faire et de dire, en toutes rencontres, ce qui est le plus juste et le plus droit. Une telle disposition t'épargnera mille peines et mille combats ; elle te délivrera de tous les tourments secrets que cause immanquablement la dissimulation.

.... Quand tu voudras te réjouir, pense aux vertus de tes contemporains, à la valeur de celui-ci, à la modestie de celui-là, à la libéralité d'un autre, ainsi du reste ; car il n'y a rien de plus réjouissant que l'image des vertus qui éclatent dans les mœurs et dans les actions de ceux avec qui nous avons à vivre.

.... Il ne faut pas recevoir les opinions de nos pères comme des enfants, c'est-à-dire, par la juste raison que nos pères les ont eues et nous les ont laissées ; mais il faut les examiner et suivre la vérité.

Dans l'usage des opinions, il faut plutôt ressembler au lutteur qu'au gladiateur ; car dès que celui-ci perd son épée, il est mort ; au lieu que l'autre a toujours son bras, et n'a besoin que d'avoir le courage de s'en bien servir.....

DU BONHEUR.

..... Tu peux être toujours heureux, si tu sais marcher droit, et suivre la raison dans tes actions et dans tes pensées.....

C'est être parfaitement honnête homme, et avoir fait un voyage très heureux, que de sortir de la vie, sans avoir connu, ni le mensonge ni l'hypocrisie, ni le luxe ni l'orgueil.

L'homme n'a nulle part de retraite plus tranquille, ni où il soit avec plus de liberté, que dans sa propre ame, surtout s'il a au-dedans de lui de ces choses précieuses qu'on n'a qu'à regarder pour être dans une parfaite tranquillité ; j'appelle tranquillité le bon ordre et la bonne disposition de l'ame. Retire-toi donc souvent dans une si délicieuse retraite ; reprends-y de nouvelles forces, et tâche de t'y rendre toi-même un homme nouveau....

.... Le moyen de faire avec gravité, avec

douceur, avec liberté et avec justice tout ce que tu fais, c'est de faire chaque action comme si elle devait être la dernière de ta vie.....

***

MARIE-ANTOINETTE-JOSÉPHINE-JEANNE d'Autriche,

Reine de France, née à Vienne le 2 novembre 1755, fille de Marie-Thérèse et de l'empereur François Ier.

Marie-Antoinette fut élevée sous les yeux de son illustre mère : douée d'un esprit vif et pénétrant elle apprit en peu de temps le français, l'anglais, l'italien, même le latin ; et elle ne fit pas des progrès moins rapides dans le dessin, surtout dans la musique, dont elle reçut des leçons du célèbre Gluck, et qu'elle aima toujours avec une sorte de passion. Sa taille, son port de tête, étaient majestueux ; ses bras d'un contour admirable, sa peau d'une blancheur éblouissante, et ses yeux aussi vifs que spirituels ; enfin, dès l'âge de quinze ans, sa beauté, ses talens, et son illustre naissance, la rendaient digne des plus hautes destinées. Sa main fut donnée à l'héritier de la couronne de France, au jeune duc de Berri, devenu dauphin par la mort de son père, objet de tant de regrets.

Ce fut le 10 mai 1774, qu'elle devint reine : toute la France en fut transportée de joie, à l'exemple de Louis XVI, qui exempta ses peuples du droit de *joyeux avénement*. Marie - Antoinette leur fit aussi remise du droit de *Ceinture de la reine*, qui lui était dû suivant un antique usage.

Dans les commencements du mois d'août 1776, la reine traversant à pied le village de Saint-Michel, situé près de Versailles, aperçut une vieille femme infirme, qu'entouraient plusieurs petits enfants : ce tableau qui présentait à l'ame compatissante de sa Majesté ce que la nature humaine offre de plus intéressant dans les deux extrêmes, l'émut aussitôt, et lui fit suspendre sa marche ; elle s'approcha de la vieille paysanne, l'interrogea avec autant de douceur que de bonté, et apprit que cette bonne femme, grand-mère des enfants qui l'environnaient, était, dans sa caducité, et, malgré son indigence, l'unique appui de ces orphelins de père et de mère. Touchée de ce qu'elle entendait, ce ne fut point assez pour notre souveraine de lui faire distribuer sur-le-champ des secours en argent; elle jeta des yeux attendris sur le plus jeune de ces orphelins, âgé de trois ans, et déclara qu'elle voulait s'en charger, et qu'elle en ferait prendre soin. (*Gazette de France*, 1776, n° 64.)

~~~~~~~~~~~~~~~~~~~~~~~~~~~~~~~~~~~~~~~

MITHRIDATE,

Roi de Pont.

Léonicus, sujet fidèle de MITHRIDATE, avait témoigné un grand zèle pour son prince, dans des occasions très périlleuses. Mithridate entreprend le siége de Rhodes, et Léonicus est fait prisonnier par les assiégés. Le roi, pour lui procurer la li-
~~~~~~~~~~~~~~~~~~~~~~~~~~~~~~~~~~~~~~~

berté, rendit tous les prisonniers Rhodiens qu'il avait dans son camp.

Parmi quelques prisonniers Romains que Mithridate avait faits, on lui amena un officier nommé Pomponius, et qui était blessé dangereusement. Le roi lui demanda si, en lui sauvant la vie, il pouvait compter de l'avoir pour ami? *Oui*, répondit le prisonnier, *si vous faites la paix avec les Romains ; sinon, je n'ai pas même à délibérer.* Ceux qui étaient présents, irrités de cette fière réponse, poussaient Mithridate à le faire mourir ; mais ce prince rejeta ce lâche conseil, et dit : *Il ne faut pas maltraiter la vertu malheureuse.* (ROLLIN, *Histoire romaine.*)

MOERIS. — 1920.

Plusieurs rois d'Égypte, par une fausse idée de grandeur, élevèrent des édifices où l'architecture ne put justifier une vaine ostentation de richesse et de puissance. Les fameuses pyramides, le labyrinthe, sont de ce genre. On les regarde avec raison comme des monuments où les princes ne montraient leur folle ambition qu'aux dépens des peuples. On ne lit point, sans éprouver une sorte d'horreur, les sommes inouïes qui y étaient englouties, et la multitude d'hommes qui y périssaient. Si on vante la reconnaissance des Égyptiens envers leurs souverains, on ne doit l'entendre sans doute que de ces princes qui, animés du bien public, ne s'en écartaient jamais dans leurs entreprises : tel fut le roi Mœris. L'Égypte avait également à craindre du Nil, soit qu'il débordât trop ou trop peu : l'un et l'autre occasionnaient des famines qui répandaient la désolation et la misère dans le royaume ; ces terribles fléaux l'avaient mis plus d'une fois à deux doigts de sa perte. Mœris conçoit le projet d'en délivrer ses sujets, et d'assurer leur subsistance malgré l'inégalité des inondations ; l'art vint au secours des Égyptiens contre la nature. Le prince fit creuser le lac qui porte son nom. Pomponius Mela lui donne environ huit lieues de circuit (1), et les voyageurs modernes sont assez d'accord avec lui.

Ce lac dégorgeait dans le Nil par un canal de quatre lieues de long, et de cinquante pieds de large : le lac et le canal s'ouvraient et se fermaient par de grandes écluses. Quand le débordement du Nil était trop grand, on ouvrait les écluses ; les eaux du fleuve se retiraient dans le lac après avoir séjourné dans les terres autant de temps qu'il en fallait pour les fertiliser. Quand le Nil n'inondait pas assez l'Égypte, on répandait les eaux du lac par

------

(1) Mœris aliquandò campus, nunc lacus viginti millia passuum in circuitu patens.

des coupures et des saignées , et l'on se mettait par là à l'abri de la stérilité.

Le lac Mœris avait trois cents pieds de
profondeur ; deux pyramides , surmontées
chacune d'une statue colossale , s'élevaient
à pareille hauteur au-dessus des eaux , afin
d'apprendre à la postérité que cet ouvrage
immense était fait de main d'homme.

Il était extrêmement poissonneux , et la
pêche valait au prince des sommes consi-
rables. Ainsi on avait su le rendre d'une
double utilité ; ainsi ceux qui y furent occupés pouvaient dire que , non seulement
leurs travaux garantissaient leurs enfants de
la disette , mais qu'ils mettaient encore le
prince en état de n'imposer à ses peuples
que des taxes légères et modérées.

Le roi Mœris vivait environ l'an du
monde 1900, avant Jésus-Christ 2064.

MYCÉRINUS. — 2800.

Mycerinus était fils de Cheops, le plus
détestable des rois d'Egypte, et d'un caractère bien différent ; il fit rouvrir les temples que son père avait fermés, rétablit les
sacrifices, s'appliqua à soulager les peuples
et à leur faire oublier les maux passés. Il ne
se crut roi que pour rendre la justice à ses
sujets, et les gouverner avec douceur et
affection. Il écoutait leurs plaintes, es-
suyait leurs larmes, prévenait leurs besoins, se regardait moins comme le maître
que comme le père des peuples. Aussi en
était-il infiniment chéri : toute l'Egypte
retentissait de ses louanges ; son nom y
était en vénération. La mort l'enleva à la
fleur de son âge, après un règne de sept
ans.

NERVA,

Empereur.

Le commencement du règne de Nerva, dit Pline, fut l'époque du retour de la liberté; et Tacite loue ce bon prince d'avoir su allier deux choses que l'on croit communément incompatibles; l'autorité suprême d'un seul, et la liberté des citoyens. Nerva était pacifique, affable, généreux, plein de douceur; mais il manquait de cette sévérité contre le vice, sans laquelle la bonté dégénère en faiblesse. C'est, disait avec raison un citoyen romain du temps de Nerva, un malheur d'obéir à un prince sous qui rien n'est permis à personne; mais c'est un plus grand malheur encore d'être dans un état où tout est permis à tous.

Les bienfaits de Nerva s'étendaient sur tous ses sujets, de quelque religion qu'ils fussent. Il fit rappeler les chrétiens exilés sous le règne précédent, et leur permit le libre exercice de leur religion ; il voulut qu'on élevât à leurs propres dépens les enfants mâles des familles indigentes, et défendit qu'on abusât de leur bas âge pour en faire des eunuques.

Ce prince, plein de déférence et de considération pour le sénat, ne décidait rien sans avoir pris l'avis des chefs de cette compagnie. Il avait juré solennellement que tant qu'il vivrait aucun sénateur ne serait mis à mort. Il fut si fidèle à sa parole, qu'au lieu de punir deux d'entre eux qui avaient conspiré contre sa vie, il se contenta de leur faire connaître qu'il n'ignorait rien de leur complot ; il les mena avec lui au théâtre, les plaça à ses côtés, et leur montra les épées des gladiateurs, qu'on lui présentait, suivant la coutume, en disant : *Essayez sur moi si elles sont bonnes.*

La liberté qu'il avait accordée de tirer vengeance des délateurs, serait un nouveau bienfait, si elle n'eût dégénéré en licence : mais elle prouve que ce prince ne desirait rien tant que de voir la vertu triomphante.

Un certain Atticus, de la bourgade de Marathon, ayant trouvé dans sa maison un riche trésor, en informa l'empereur Nerva, et lui demanda ce qu'il voulait qu'il en fît. L'empereur lui répondit : *Vous pouvez user de ce que vous avez trouvé.* Atticus lui manda, dans une seconde lettre, que ce trésor était considérable, et au-dessus de la condition d'un particulier. Nerva lui récrivit en ces termes : *Abusez, si vous voulez, du gain inopiné que vous avez fait, car il vous appartient.* Atticus laissa donc de grandes richesses à Tiberius Claudius Atticus Hérodes, son fils, qui en employa une partie à décorer Athènes de superbes édifices. Une des maximes de cet empereur clément était que la bonne conscience vaut un royaume. Se sentant proche de sa fin, il adopta Trajan, et ce ne fut pas le moindre de ses bienfaits envers le peuple romain. Il mourut l'an 98 de Jésus-Christ, âgé de soixante-douze ans, après un règne de seize mois et huit ou neuf jours.

PHILIPPE,

Roi de Macédoine.

PHILIPPE, roi de Macédoine, sortant d'un long repas, est abordé par une femme qui lui demande justice, et lui expose des raisons qu'il ne goûte pas. Il la juge et la condamne. Elle répond de sang-froid : *J'en appelle. — Comment*, dit Philippe, *de votre roi? à qui? — A Philippe à jeun*, réplique-t-elle. La manière dont il reçut cette réponse ferait honneur au roi le plus sobre. Il examine l'affaire tout de nouveau, reconnaît l'injustice de son jugement, et se condamne à la réparer. (VALÈRE-MAXIME.)

Les courtisans de Philippe lui conseillaient de chasser un honnête homme qui lui avait fait quelque reproche : *Prenons garde auparavant*, répondit-il, *si nous ne lui en avons point donné sujet.* Il apprit que cet homme vivait mal à son aise, et qu'il ne recevait nulle gratification de la cour. Il lui fit du bien, ce qui changea ses reproches en louanges, et fit dire à ce prince cet autre beau mot : *Qu'il est au pouvoir des rois de se faire aimer ou haïr.* (ROLLIN, *Hist. anc.*)

L'Asthène et Eurgerates, chefs de la cavalerie des Olynthiens, s'étaient rendus avec leurs troupes à Philippe, lorsqu'il pressait avec vigueur le siége d'Olynthe. Ils avaient reçu de lui un bon accueil; mais, ayant essuyé les reproches et les invectives des capitaines et des soldats macédoniens, qui les appelaient traîtres, ils s'en plaignirent au roi. Ce prince leur répondit qu'ils ne devaient pas prendre garde à ce que disaient des hommes grossiers, accoutumés à nommer les choses par leurs noms. Cette ville d'Olynthe ayant été prise d'assaut, Philippe s'empara des richesses, et, conformément à l'usage de ces temps barbares, il fit vendre les citoyens à l'encan. Un jour qu'il était présent à la vente de ces infortunés, dans une posture indécente, l'un d'eux l'en avertit : *Qu'on mette cet homme en liberté*, dit Philippe; *je ne savais pas qu'il fût de mes amis.*

Ce prince, après avoir remporté, près de

Chéronnée en Béotie, une célèbre victoire sur les Grecs, se livrait à une joie barbare. L'ivresse du vin augmentant encore celle de son orgueil, il était venu sur le champ de bataille insulter aux morts et aux prisonniers. Au nombre de ces derniers était l'orateur Demade; il fut choqué d'une telle conduite, et ne put s'empêcher de dire au prince : *Pourquoi vouloir être un Thersite quand vous pourriez être Agamemnon ?* Philippe, loin d'être offensé d'un pareil reproche, conçut de l'estime pour l'orateur athénien, et le combla d'honneurs.

PIERRE ALEXIOWITZ,

Empereur de Russie, né en 1672, et mort en 1725.

PIERRE Ier parlait avec feu, s'exprimait avec facilité, et souvent haranguait ses troupes, son conseil et le clergé. Souverain et orateur, ces deux qualités lui donnaient un ascendant auquel il était difficile de résister : simple dans sa cour et dans ses mœurs, il méprisait le faste et l'éclat. C'était le prince *Menzikof*, son favori, qu'il chargeait de le représenter par une magnificence extraordinaire. Jamais il n'y eut d'homme plus actif, plus entreprenant, plus laborieux, plus infatigable. Il comptait, non ses jours, mais ses moments, et il n'avait à regretter la perte d'aucun. La fatigue et le danger ne l'effrayaient point; les moyens les plus extraordinaires, les plus prompts, et les plus efficaces, étaient toujours ceux qu'il préférait pour faire réussir ses projets. Ainsi, pour établir la discipline dans ses troupes, soit sur terre, soit sur mer, il commença par exercer lui-même les plus bas emplois. Lorsqu'il établit des gens pour porter du secours dans les incendies, que l'on sait être très fréquents en Moscovie, il prit le premier une de ces commissions périlleuses; dans plus d'une occasion, on le vit, non sans effroi, monter avec la hache au haut des maisons embrasées qui s'écroulaient. Sa présence semblait-elle nécessaire, ou seulement de quelque utilité dans une partie de son empire, aussitôt il partait sans suite, et volait avec une rapidité inconcevable de l'extrémité de l'Europe au cœur de l'Asie. Son voyage le plus fréquent était de franchir l'intervalle de Pétersbourg à Moscou, qui est de deux cents lieues communes de France, comme un autre prince passe de son palais à une maison de plaisance. Ses peuples le croyaient toujours prêt à arriver parmi eux. Son activité le multipliait en quelque sorte, et le rendait présent dans toute la vaste étendue de ses états. Ce prince avait, par un accident qui lui était arrivé dans sa jeunesse, une antipathie extrême pour l'eau ; il sut combattre cette frayeur au point qu'il fit ses plus grands plaisirs de la marine. Pierre ne triompha pas aussi heureusement des vices de son naturel et de son éducation. Ce prince était extrême dans sa haine, dans sa vengeance, et dans ses plaisirs. Lefort était alors le seul de ses favoris qui eût le pouvoir ou le courage de le dompter, de l'arrêter, et de lui reprocher ses violences. La voix de l'impératrice Catherine était encore un charme très puissant pour calmer ses sens agités, pour le rappeler aux sentiments d'humanité, aux principes de vertu, à lui-même. Il s'apaisait en rougissant de ses emportements involontaires, et s'écriait avec confusion et avec douleur : *Hélas ! j'aurai pu réformer ma nation, et je ne pourrai me réformer moi-même.* Pierre le Grand, était devenu le plus savant de son empire ; il parlait plusieurs langues, et s'était rendu habile dans les mathématiques, la physique, et la géographie ; il avait appris jusqu'à la chirurgie, qu'il exerça plusieurs fois avec succès. Les projets les plus vastes ne l'étonnaient point, et il les suivait avec une chaleur et une constance qui leur ôtaient tout ce qu'ils paraissaient d'abord avoir de chimérique. C'est la hardiesse de son génie, et la passion pour les choses extraordinaires, qui lui firent entreprendre et exécuter en peu d'années la métamorphose étonnante et subite d'un peuple grossier et barbare en un peuple éclairé et poli. Toute sa gloire fut utile à sa patrie. L'histoire n'offrira vraisemblablement que cet exemple unique d'un empereur qui descend du trône pour aller chez les nations étrangères travailler comme un simple mercenaire dans les ateliers, dans les chantiers, dans les manufactures, se confondant et voulant être méconnu parmi les artisans, afin d'apprendre les éléments des sciences et des arts, et de les introduire dans ses états. Il y a eu des rois conquérants, il y en a eu de législateurs et de grands politiques; mais Pierre le Grand est le seul qui, à ces titres glorieux, ait pu joindre les qualités, non moins héroïques, de réformateur de son pays, de précepteur des connaissances utiles, de fondateur des sciences et des arts, d'instituteur des mœurs de son peuple.

Le czar Pierre, qui, par son propre génie s'était élevé au-dessus des préjugés, des mœurs et des lois de son empire, comprit que, pour introduire plus promptement dans ses états la réforme générale qu'il méditait, il fallait l'enseigner par son exemple; il se soumit donc le premier aux épreuves d'une discipline militaire. Il avait chargé Lefort, illustre guerrier, de lever cinquante mille hommes de troupes, et de les exercer comme il le jugerait à propos.

Le czar se mit lui-même dans la compagnie de Lefort, qu'il appelait son capitaine. Son premier grade fut celui de tambour ; et, après avoir battu quelque temps la caisse, et couché avec ses camarades à la suite du régiment, il fut nommé sergent ; il passa successivement aux autres grades, selon qu'il l'avait mérité ; et il n'était pas facile de l'abuser sur ce point. Les autres réformes qu'il méditait, demandaient des connaissances et des lumières. Il prit l'étrange résolution d'aller les puiser chez les nations voisines, et de s'éloigner quelques années de ses états, pour apprendre à les mieux gouverner. Il voyagea en Allemagne, en Hollande, en Angleterre et en France. Pendant son séjour en Hollande, il étudia la géographie, la physique, l'histoire naturelle, et surtout la marine. Il prit un habit de pilote, et alla dans le village de Sardam, où l'on construisait beaucoup de vaisseaux : il se fit inscrire au nombre des charpentiers ; on l'appelait communément maître *Pierre Peterbas*. Ces ouvriers lui avaient appris la routine de la construction. Il

passa en Angleterre pour en étudier l'art.
Le roi Guillaume, flatté de recevoir dans
ses états cet illustre voyageur, lui fit un
présent digne de tous les deux. C'était un
yacht de vingt-cinq pièces de canon, le
meilleur voilier de la mer. Tous les gens
de l'équipage voulurent bien aussi se laisser donner, et Pierre emmena avec lui
une colonie des marins et d'artisans de
toute espèce.

Pierre vint en France en 1717. Il alla
visiter, en homme qui voulait s'instruire,
les monuments et les manufactures dignes
de son attention. Lorsqu'il fut voir la
monnaie royale des médailles, on en frappa
plusieurs devant lui. Une de ces médailles
étant tombée à ses pieds, le czar s'em-
pressa de la ramasser, et il y vit son portrait en buste, et sur le revers une renommée posant le pied sur un globe, avec ces
mots de Virgile, *vires acquirit eundo*,
allusion ingénieuse aux voyages et à la
gloire de Pierre le Grand. On présenta de
ces médailles à lui et à ceux de sa suite.
Il ne put s'empêcher de dire, en les recevant : *Il n'y a que les Français capa-*

bles d'une pareille galanterie. Lorsqu'il alla dîner à Petit-Bourg, chez le duc d'Antin, surintendant des bâtiments, la première chose qu'il vit, fut son portrait en grand, avec l'habit qu'il portait. Dans les manufactures et chez les artistes, tout ce qui paraissait attirer son attention lui était offert de la part du roi.

En voyant le tombeau du cardinal de Richelieu et la statue de ce ministre, le czar dit une de ces choses qui ne peuvent échapper qu'à ceux qui sont nés pour être de grands hommes. Il monta sur le tombeau, embrassa la statue. *Grand ministre, dit-il, que n'es-tu né de mon temps ? je te donnerais la moitié de mon empire pour apprendre à gouverner l'autre*. Un homme qui avait moins d'enthousiasme que Pierre le Grand, s'étant fait expliquer ces paroles prononcées en langue russe, répondit : *S'il avait donné cette moitié, il n'aurait pas long-temps gardé l'autre*.

L'académie des sciences de Paris supplia le czar, qui était venu à une de ses assemblées du mois de juin 1717, de vouloir bien lui faire l'honneur d'être un de ses membres. L'abbé Brignon reçut de Pétersbourg, le 7 novembre de la même année, une lettre de sa Majesté czarienne, contenant qu'elle était très satisfaite de ce que l'illustre corps de l'académie voulait l'admettre au nombre de ceux qui la composaient. Fontenelle, comme secrétaire de la compagnie, fut chargé de répondre à cette lettre.

Un des établissements que le czar admira le plus, fut l'hôtel royal des Invalides. Après qu'il eut tout examiné avec cet œil observateur auquel rien n'échappait, le maréchal de Villars le conduisit au réfectoire, au moment que les soldats se mettaient à table. Ce prince goûta de leur soupe, et prenant un verre de vin, *A la santé*, dit-il, *de mes camarades*.

Le czar, de retour dans ses états, y fit fleurir les sciences et les arts, et, ce qui est plus difficile encore, il parvint à réformer les anciens usages des Moscovites. Ses divertissements mêmes furent consacrés à faire goûter le nouveau genre de vie qu'il introduisait parmi ses sujets. Ses grands

projets de réforme avaient été souvent ar-
rêtés par les guerres cruelles que lui faisait
Charles XII, roi de Suède. Ce fut pour
s'adonner tout entier à l'exécution de ses
desseins, qu'après les campagnes de 1708
il hasarda quelques propositions de paix
qui furent portées par un gentilhomme
polonais au camp du roi de Suède. Mais
Charles XII, accoutumé à n'accorder la
paix à ses ennemis que dans leur capitale,
répondit : *Je traiterai avec le czar à
Moscou.* Quand on rapporta à Pierre le
Grand cette réponse hautaine : *Mon
frère Charles*, dit-il, *prétend toujours
faire l'Alexandre ; mais je me flatte
qu'il ne trouvera pas en moi un Darius.*

Les soins infatigables de Pierre, et les
défaites mêmes des Moscovites, leur apprirent enfin le métier de la guerre. Ils rem-
portèrent une victoire complète sur Charles XII à Pultava, le 8 juillet 1709. Il y
eut beaucoup d'officiers prisonniers parmi
les Suédois, entre autres Renchild, général de l'armée de Suède. On les amena au
camp du czar, qui les traita avec toutes sor-

tes d'égards, et les invita à manger avec lui le jour même de la victoire. Comme le czar paraissait surpris que les Suédois se fussent hasardés dans un pays si reculé, et eussent assiégé Pultava avec un petit nombre de troupes, *Nous n'avons pas toujours été consultés*, répondit le général ; *mais, comme de fidèles serviteurs, nous avons obéi aux ordres de notre maître, sans y contredire.* Le czar se tourna, à cette réponse, vis-à-vis de quelques-uns de ses courtisans, autrefois soupçonnés d'avoir trempé dans des conspirations contre lui : *Ah!* dit-il, *voilà comme il faut servir son souverain.* Alors, prenant un verre de vin, *A la santé*, ajouta-t-il, *de mes maîtres en l'art de la guerre.* Renchild lui demanda qui étaient ceux qu'il honorait d'un si beau titre.—*Vous, messieurs les généraux suédois.* — *Votre Majesté est donc bien ingrate*, reprit Renchild, *d'avoir tant maltraité ses maîtres.* Le czar sourit, promit d'adoucir leurs malheurs autant qu'il pourrait, et après le repas fit rendre leurs épées à tous les officiers généraux, et les traita avec bonté dans la suite.

En 1704, il avait pris la ville de Narva d'assaut. Ses troupes, malgré les ordres qu'il avait donnés, mettaient tout à feu et à sang. Il se jette au milieu des plus mutins, arrache des femmes de leurs mains, tue deux de ces emportés, et entre à l'hôtel de ville où les citoyens se réfugiaient en foule. Là, posant son épée sanglante sur la table, *Ce n'est pas du sang des habitants*, dit-il, *que cette épée est teinte, mais du sang de mes soldats que j'ai versé pour vous sauver la vie.*

Démétrius Cantemir, prince de Moldavie, avait reçu de grands sujets de mécontentements de la Porte ottomane, et s'était mis lui et ses états sous la protection de Pierre le Grand, par un traité ratifié à Lusk en Pologne, le 13 d'avril 1771. Après ce traité, les deux princes prirent les mesures convenables pour la guerre contre les Turcs. Cette entreprise eut une issue malheureuse ; le czar, son armée, et sa famille, furent réduits à de tristes extrémités. Il fut obligé d'accepter une paix désavantageuse. Mais il fut allié fidèle, et jamais rien ne put l'engager à remettre le prince Démétrius entre les mains des Turcs, qui le demandaient. Il écrivit à son ministre de sa propre main : *J'abandonnerai plutôt tout le terrain qui s'étend jusqu'à Cursk ; il me restera l'espérance de le recouvrer : mais la perte de ma foi est irréparable ; je ne peux la violer. NOUS N'AVONS DE PROPRE QUE L'HONNEUR; Y RENONCER, C'EST CESSER D'ÊTRE MONARQUE.*

Pendant le traité, Démétrius demeura caché dans un carrosse de la czarine, sans autre communication qu'avec un valet fidèle qui lui apportait des vivres. Ce prince, ayant perdu la Moldavie, trouva des dédommagements pour lui, et pour sa noblesse, dans la générosité du czar, qui par des lettres datées de Mogilof, le 1er août 1711, le créa, lui et ses héritiers, princes de l'empire russien, avec le titre d'altesse sérénissime. Pour lui conserver, en quelque sorte, un reste de souveraineté, il lui accorda de n'avoir à répondre de sa conduite qu'au czar même, et de conserver toute son autorité sur les Moldaviens qui passeraient en Russie. Il y en eut plus de mille qui quittèrent leur patrie pour s'attacher à sa fortune. Le czar lui assigna Charcof dans l'Ukraine pour le lieu de sa résidence. A sa prière, Pierre le Grand distribua à ceux de sa suite les terres qu'il lui avait données dans cette province, et y ajouta plus de mille métairies qui étaient des domaines de la couronne, et qui passent pour les meilleures de l'empire. En 1716, Démétrius exerça la souveraine autorité que le czar lui avait accordée sur les Moldaviens. Ces nobles prenaient assez souvent querelle dans leurs festins, et les vidaient à coups de sabres. Deux d'entre eux furent tués. Démétrius condamna trois des autres à la mort, et plusieurs aux galères. Il adoucit ensuite cette sentence et la fit exécuter avec cette modération. Le czar l'approuva, et c'est peut-être l'unique exemple que fournisse l'histoire de Russie, d'un sujet qui ait exercé dans cet empire, en son propre nom, le pouvoir de vie et de mort.

L'impératrice Catherine, qui avait tant de droits sur son cœur, par ses services et par son attachement, ne put obtenir la grâce complète d'une de ses dames d'atour, accusée auprès du czar d'avoir accepté des présents malgré les défenses faites à toutes personnes en place d'en recevoir. Catherine le pressait vivement, Pierre entre en fureur, casse une glace de Venise, et dit à sa femme : *Tu vois qu'il ne faut qu'un coup de ma main pour faire rentrer cette glace dans la poussière dont elle est sortie.* Catherine le regarda avec une douleur mêlée d'attendrissement, et lui répondit : *Hé bien, vous avez cassé ce qui faisait l'ornement de votre palais ; croyez-vous qu'il en devienne plus beau ?* Ces paroles apaisèrent l'empereur ; mais toute la grâce que sa femme put obtenir de lui, fut que sa dame d'atour ne recevrait que cinq coups de knout, au lieu de onze.

Le czar fortifia Minsk, et y fit construire un port. Bientôt après, il choisit un endroit plus convenable pour retirer les vaisseaux dans un autre port, qui fut bâti à Saganrock, à un mille de Paulsbourg, et à soixante-dix-huit lieues de Précop, du côté de l'orient sur la mer Noire. On éleva trois forts aux environs, afin de défendre

Tangarok du côté de la mer et du conti-
nent. Plus de douze mille hommes furent
employés à la construction de ce port. Ils
creusèrent un bassin capable de contenir
deux cents navires.

Pierre le Grand , surnom que ce prince
avait reçu de toutes les nations, entreprit ,
à l'exemple des plus célèbres héros , de
bâtir une ville à l'embouchure de la Neva,
rivière qui sort du lac de Ladoga , et se dé-
charge dans le golfe de Finlande. Il conçut et commença cette grande entreprise
dans le temps où la guerre était le plus allumée , et semblait devoir l'occuper tout
entier. Il en jeta les fondements dans une
petite île que forment les eaux de la Neva :
il traça lui-même le plan de la citadelle.
Il eut à vaincre les efforts des Suédois qui
tentèrent plusieurs fois de s'opposer à cette
entreprise, le défaut de vivres , d'outils et
des autres choses nécessaires. Son génie
supérieur triompha de tous les obstacles.
Les travaux avancèrent rapidement.Pierre
obligea plusieurs boïards à bâtir des hôtels ,
et à fixer leur séjour dans la nouvelle cité.
Le palais du prince Menzikof fut des plus

magnifiques. Cette ville ne put néanmoins être achevée par son fondateur; mais les successeurs de Pierre continuèrent à la fortifier et à l'embellir sur le même plan, et elle est aujourd'hui l'une des plus belles capitales de l'Europe. Pierre l'appela, de son nom, Pétersbourg.

En 1715 le czar publia plusieurs déclarations pour abroger d'anciennes lois, et en introduire de nouvelles. Il rendit, entre autres, un édit qui autorise un père de famille à nommer pour son héritier son fils aîné ou tel autre qu'il lui plaira de choisir.

Ce monarque établit une chambre de justice pour examiner les exactions et les monopoles des personnes chargées de la levée des deniers publics, et de l'administration des finances. Plusieurs seigneurs Moscovites furent convaincus d'avoir foulé le peuple, d'avoir occasionné la désertion des garnisons de beaucoup de places frontières, en leur réfusant leur solde, et surtout d'avoir fait abandonner les campagnes, en épuisant les laboureurs par leur avarice et leurs vexations. Les plus coupables furent condamnés à perdre la vie.

En 1721, plusieurs manufactures, des fonderies, des fabriques d'armes à feu, des moulins à poudre, des papeteries, des imprimeries, une académie de marine, furent établis en Russie par les ordres de Pierre le Grand. Ce prince entrait dans les moindres détails. Il animait ses sujets à voyager, à s'instruire des mœurs, de la langue, des arts étrangers. Il les excitait à former entr'eux des assemblées particulières pour s'entretenir et s'amuser. Il donna même des règlemens afin de mettre de l'ordre dans ces sociétés privées.

Les périls et les pertes fréquentes que les marchands moscovites encouraient sur le lac de Ladoga, engagèrent l'empereur à construire un nouveau canal qui sort de la rivière de Wolchowna, le long du lac de Ladoga, et qui communique jusqu'à la rivière de la Neva ; en sorte que le commerce entre Pétersbourg et la Perse, se fait en sûreté. Douze mille hommes furent employés à cette entreprise, qui est d'une grande utilité pour la Russie. On établit des bains salutaires à Olonitz, où l'on avait aussi découvert des mines de fer.

Pierre le Grand se pressait en quelque sorte de multiplier les monuments de sa gloire et de son génie. Déjà on comptait à Pétersbourg plus de cinquante mille maisons et de magnifiques palais. Il faisait travailler à un observatoire sur le modèle de celui de Paris. La bibliothèque qu'il avait formée était très riche. Il avait des cabinets d'histoire naturelle, et remplis des plus beaux ouvrages de l'industrie humaine. Il traça le plan d'une académie des sciences qui ne put être exécuté que sous le règne suivant.

PITTACUS.

PITTACUS naquit dans la quarante-deuxième olympiade, et mourut dans la cinquante-deuxième : il était de Mitylène. Sa sagesse et sa vertu lui acquirent l'amour et l'estime de ses compatriotes à un tel degré qu'ils le contraignirent d'accepter la souveraineté. Il ne céda à leurs vives sollicitations que pour les rendre plus heureux en les rendant meilleurs. Après avoir gouverné pendant dix ans, il abdiqua la souveraineté, et voulut qu'à son exemple tous ses citoyens fussent libres, et vécussent sans ambition : heureux, s'ils eussent pu imiter sa modération ! Pour reconnaître son affection et ses services, ils lui firent présent de plusieurs milliers d'arpents de terre ; mais il n'en voulut accepter que cent; *afin*, dit-il, *de ne point mépriser d'un côté leur gratitude, et de l'autre pour ne point exciter l'envie de ses concitoyens par un trop riche domaine.*

A peine Pittacus était sorti de Mitylène que les divisions, les querelles, s'y renouvelèrent. Les citoyens les plus sages députèrent vers lui à la cour de Périandre roi de Corinthe, pour le prier de revenir parmi eux rétablir le bon ordre. Il partit, apaisa les troubles, et réunit les esprits, sans vouloir cette fois, non plus que la première, accepter la souveraineté, ni d'autre récompense que la gloire d'avoir sauvé sa patrie. Que ces exemples d'amour de la patrie, et d'une générosité si désintéressée sont beaux ! Tout le monde

les admire : eh! qui veut les imiter? Pittacus fit peut-être quelque chose de plus
grand encore en méprisant les satires du
poëte Alcée, dont la mordacité ne cessa
de le déchirer pendant son gouvernement,
qu'il traitait de tyrannie. Sans s'émouvoir
de ses calomnies, il ne s'appliqua qu'à rendre l'état plus florissant et plus tranquille,
et qu'à montrer à ses concitoyens l'exemple
de la modération et de la patience. Une si
belle conduite méritait une vénération
générale : mais, telle est la malignité du
genre humain, l'envie est l'ennemie née
des grands hommes, surtout dans les républiques, où le peuple ne peut pas plus
souffrir ceux qui ont trop de vertu que
ceux qui ont trop d'ambition.

PLOTINE.

Plotina Pompeïa, femme de l'empereur
Trajan, fut illustre par sa modestie et
par sa bonté. Elle commença par protester
au peuple, en entrant dans le palais impérial, qu'elle y entrait telle qu'elle sou-

haitait d'en sortir. Elle se conduisit avec tant de prudence et de sagesse, qu'elle contenta également les grands et le peuple pendant son règne. Elle refusa le nom d'Auguste pendant tout le temps que Trajan ne voulut point accepter celui de Père de la Patrie. C'est à l'amour qu'elle avait pour ses sujets que l'on doit attribuer la diminution des impôts et des taxes, dont les provinces étaient surchargées. Elle accompagnait Trajan, lorsque cet empereur mourut à Selimente, l'an 117 : elle porta à Rome les cendres de son époux. Elle avait contribué à l'adoption d'Adrien ; elle l'aida à parvenir à l'empire. On ignore le temps, le lieu et les circonstances de sa mort. Quand Adrien en eut appris la nouvelle, il en parut extrêmement affligé, en porta le deuil pendant neuf jours, et composa des hymnes à sa louange : il lui fit bâtir un temple à Nîmes, dont on voit encore les restes ; mais on ignore si ce fut du vivant ou après la mort de cette impératrice.

PYRRHUS,

Roi des Épirotes.

PYRRHUS, suivant Plutarque, traduit par Amyot, était doux et privé avec ses familiers et amis, facile à pardonner quand on l'avait courroucé, et néanmoins ardent et véhément à rendre les plaisirs qu'il avait reçus; ce qui fut cause qu'il souffrit fort impatiemment la mort d'OEropus; non qu'il ne vît bien qu'il ne lui était rien advenu qui ne fût ordinaire à la nature humaine; mais se reprenant et se blâmant soi-même de ce qu'il avait tant dylayé et tant différé, qu'à la fin il avait perdu tout moyen de reconnaître, envers OEropus, les plaisirs qu'il en avait reçus. Il est bien vrai, ajoute Plutarque, qu'un argent prêté peut bien se rendre aux héritiers de ceux qui l'ont prêté; mais il fait mal à un homme de bonne et droite nature, quand il ne peut faire sentir la récompense des plaisirs qu'il a reçus à celui même qui les lui a faits.

La reconnaissance a tant de droits sur

nos cœurs, qu'on mérite des éloges, même lorsqu'on ne fait que témoigner un vrai repentir de ne l'avoir pas pratiquée. Une autre fois, continue Plutarque dans Amyot, étant dans la ville d'Ambracie, il y eut quelques-uns de ses amis qui lui conseillèrent qu'il chassât de la ville un médisant qui ne cessait de mal parler de lui; mais il leur répondit : *Il vaut mieux qu'en demeurant ici il médise de nous, entre peu de gens, qu'en le chassant le faire aller çà et là par tout le monde semer sa médisance contre nous.*

On lui amena un jour des jeunes gens qui, en buvant ensemble, avaient dit des paroles outrageuses de lui ; il leur demanda s'il était vrai qu'ils les eussent dites. *Oui seigneur,* répondit un d'entre eux, *nous les avons dites voirement, et en eussions encore dit bien davantage, si le vin ne nous eût failli.* Il s'en prit à rire, et leur pardonna.

Pyrrhus mourut à Argos, pendant le fameux siége qu'il mit devant cette ville, deux cent soixante-douze ans avant Jésus-Christ.

RÉGULUS,

Consul romain, vers l'an 267 avant notre ère.

MARCUS ATTICUS RÉGULUS fut deux fois consul. Pendant son premier consulat il réduisit les Salentins, et se rendit maître de Brindes leur capitale; mais ce fut dans la guerre qu'il fit aux Carthaginois, à son second consulat, qu'il acquit la gloire qui l'a rendu immortel. Lucius Manlius était son collègue. Ces deux généraux mirent à la voile une flotte de trois cent quarante vaisseaux, et chargée de cent quarante mille hommes de débarquement. Les Carthaginois leur opposèrent une flotte aussi nombreuse, mais bien plus légère et mieux équipée : leur commerce sur mer leur avait fait depuis long-temps tourner leurs vues vers la navigation. Les Romains, au contraire, accoutumés à combattre sur terre, n'avaient qu'une connaissance imparfaite de cet art : aussi furent-ils bien au-dessous de leurs ennemis tant qu'il ne fut question que de la manœuvre; mais une fois que l'on en fut venu à l'abordage, la valeur romaine l'emporta, et les Carthaginois vaincus laissèrent par leur fuite le passage libre aux Romains, qui, après avoir débarqué sur les côtes d'Afrique, prirent d'emblée la ville de Clupéa, et ravagèrent ensuite le pays ennemi, d'où ils enlevèrent vingt mille captifs. Manlius, dont la présence était nécessaire en Italie, s'en retourna avec une partie de la flotte, et laissa Régulus seul général des troupes qui devaient agir contre les Carthaginois. Le temps du consulat de celui-ci étant expiré, il fut prorogé dans le même emploi avec le titre de proconsul; mais peu après il demanda un successeur et son congé, sur l'avis qu'on lui donna que le fermier qui cultivait sept arpents de terre, en quoi consistait tout le bien de ce général, était mort, et que son valet avait dérobé les outils nécessaires au labourage. Régulus représenta au sénat, par ses lettres, que sa femme et ses enfants étaient exposés à mourir de faim, si, par sa présence et son travail, il ne rétablissait lui-même ses affaires domestiques. Le sénat, pour ne pas interrompre le cours des

victoires de Régulus , ordonna qu'on fournirait des aliments à sa femme et à ses enfants ; que sa terre serait cultivée aux dépens du public , et qu'on achèterait de nouveaux instruments pour le labourage : récompense modique, ajoute *Vertot*, qui n'a
pas dédaigné ce trait rapporté par *Valère-
Maxime* ; récompense modique, si on en
considère le prix , mais qui fait plus d'honneur à la mémoire de ce vertueux Romain
que tous ces titres pompeux dont on décore tous les jours les terres de ces hommes nouveaux , qui ne se sont enrichis
que par des brigandages, et dont les noms
ne seront peut-être connus dans la postérité que par les calamités que leur avarice a causées dans les pays où ils ont fait
la guerre. Ce que disait Vertot de certains
enrichis de son temps peut s'appliquer
avec la même justice à beaucoup de personnages du nôtre. La différence est que,
parmi nous, plusieurs, avec la pauvreté
de Régulus , ont d'abord affecté ses vertus,
mais seulement pour mieux cacher leurs
rapines ; ils n'ont pas craint dans la suite
de montrer qu'ils n'avaient pas eu plus de

franchise que de probité. Mais ne gâtons point par ces traits étrangers le tableau des vertus réelles que possédait Régulus.

Demeuré seul général, il poussa la guerre avec tant d'activité qu'il força les Carthaginois à demander la paix ; mais les conditions qu'il y attachait étaient si dures, qu'ils ne purent les accepter. *Entre ennemis*, leur dit-il avec une fierté que l'on doit désapprouver, *il faut vaincre ou recevoir la loi du vainqueur*. Les Carthaginois ayant fait de nouveaux efforts et mis à leur tête *Xantippe*, général qu'ils avaient demandé aux Lacédémoniens, virent la fortune changer à leur égard ; ils battirent les Romains, firent Régulus lui-même prisonnier. Dans le ressentiment qu'ils éprouvaient contre lui, ils le traitèrent plus en criminel qu'en général ennemi : ils le plongèrent dans un cachot, où il resta quatre années entières, et d'où il ne serait peut-être jamais sorti, si les Carthaginois, ayant fait de nouvelles pertes considérables, n'eussent eu besoin de la paix. Ils le tirèrent donc de sa prison, pour l'envoyer à Rome ménager le traité, ou du moins l'échange des prisonniers. Les magistrats, avant que de le faire embarquer, tirèrent de lui parole que, s'il ne pouvait rien obtenir des Romains, il reviendrait à Carthage reprendre ses fers : on lui fit même entendre que sa vie dépendait du succès de sa négociation. Le vertueux Romain n'avait pas un cœur assez lâche pour préférer même ses jours aux intérêts de sa patrie; Rome avait le plus grand avantage à poursuivre la guerre, et ce fut ce que Régulus proposa en plein sénat.

Quand il eut rempli ce que le devoir dictait à un cœur aussi magnanime , il reprit le chemin de Carthage, sans même vouloir embrasser sa femme et ses enfants, dans la crainte que l'attendrissement ne lui fît faire quelque action indigne de lui. Les Carthaginois n'avaient une ame que pour le commerce, et, loin d'admirer le le noble dévouement de Régulus, ils ne songèrent qu'à le punir d'avoir préféré, au péril de ses jours, sa patrie à Carthage ; et ils poussèrent la barbarie jusqu'à inventer de nouveaux supplices : on lui coupa les paupières, et on l'exposa ainsi plusieurs jours aux ardeurs du soleil; on l'enferma ensuite dans un tonneau garni de pointes de fer, où il expira.

Quelques savants ont révoqué en doute l'authenticité de ce trait héroïque : il y a bien assez de forfaits malheureusement trop avérés, sans chercher encore à diminuer le nombre des exemples de vertu que l'on peut offrir aux hommes.

ROBERT.

ROBERT, roi de France, nourrissait chaque jour un grand nombre de pauvres; il les appelait ses amis : le jeudi saint il les servait à table et leur lavait les pieds.

Le roi Robert, étant à l'église, s'aperçut qu'un filou lui avait déjà coupé la moitié de la frange de son manteau, et qu'il continuait pour l'avoir tout entière. *Mon ami*, lui dit-il d'un air de bonté, *contente-toi de ce que tu as pris ; le reste sera bon à quelque autre.*

Aux obsèques du roi Robert, le peuple

criait par-tout : *Nous avons perdu un roi qui nous gouvernait en paix ; nous étions en sûreté nous et nos biens, et nous ne craignions personne*..... Que ces éloges d'un prince bienfaisant sont au-dessus de ces discours fastueux, où l'orateur entasse mots sur mots, pour étonner nos oreilles, et nous inspirer des regrets qui n'ont point leur source dans nos cœurs !

SABACON.

Sabacon envahit moins l'Égypte en la conquérant sur le roi Anysis l'Aveugle, qu'il ne la conserva en la rétablissant dans sa première splendeur, dont ses divisions et la faiblesse de son roi l'avaient fait déchoir. Sabacon lui rendit son repos et sa gloire, apaisa tous les troubles, gouverna son peuple avec une équité et une douceur admirables, et ramena l'abondance et la félicité partout. Il se fit autant respecter de ses voisins qu'admirer de ses nouveaux sujets, qui le considéraient comme leur roi naturel, et non comme un conquérant,

bien moins encore comme un usurpateur.
Ce qu'il y eut de plus merveilleux en
ce prince, c'est qu'après un règne de
cinquante années, le plus glorieux du
monde, il retourna en Éthiopie, pour
obéir aux décrets divins qui l'y rappe-
laient, et remit l'Égypte entre les mains
de son sénat, pour se choisir un roi qui
continuât de rendre la nation heureuse;
comme s'il ne fût venu que pour la sauver,
et pour en faire cesser les désordres : content de cette gloire, il reprit le chemin de
l'Éthiopie, et alla finir tranquillement ses
jours sur le trône de ses pères.

SABACUS. — 3279.

SABACUS, roi d'Éthiopie, conquit l'É-
gypte, y régna pendant cinquante ans
avec douceur et modération. Au lieu de
faire mourir les coupables condamnés à
mort par les juges, il les faisait travailler
dans leurs villes, aux levées sur lesquelles
elles étaient bâties : il épargnait le sang de
ses sujets, et tournait à l'utilité publique

les bras de ces malheureux qui s'étaient
déclarés les ennemis de leurs frères ; sagesse bien honorable au trône, et dans les
rois, ces images de la divinité, qui ne pu-
nit les méchants qu'avec mesure, et sans
précipitation.

SALADIN,

Sultan d'Égypte et de Syrie, né en 1136, et
mort en 1193.

Tandis que les chrétiens d'Europe couraient, en insensés et en véritables barbares, dans l'Orient, il se trouva dans ces
contrées un prince qui, en se rendant leur
vainqueur, eût pu leur apprendre ce qu'é-
taient la véritable piété, la générosité, et la
sagesse. Ce prince était Saladin ou Sala-
heddin, sultan d'Égypte et de Syrie. Curde
d'origine, il était parvenu à l'empire par
sa valeur et par la prudence de sa conduite.
Ce fut dans les armées de Noradin, souverain de la Syrie et de la Mésopotamie,
qu'il commença à se distinguer ; et sa ré-

putation devint si brillante, qu'Adad, calife des fatimites en Égypte, ayant demandé du secours à Noradin, ce prince crut ne pouvoir mettre à la tête de l'armée qu'il envoyait en Égypte, de plus habiles généraux que Saladin et un de ses frères qui marchait à côté de lui dans la carrière militaire. En arrivant à la cour d'Adad, Saladin obtint les charges de visir et de général des armées. Adad étant mort quelque temps après, le visir se fit déclarer souverain de l'Égypte, et gouverna avec tant de sagesse et de douceur, qu'on s'aperçut à peine qu'il était un usurpateur. Noradin ayant survécu de peu à Adad, Saladin se déclara tuteur du fils de ce prince. Le commencement de son règne fut marqué par des établissemens utiles : il réprima la rapacité des juifs et des chrétiens employés dans les fermes des revenus publics et dans les fonctions de notaires.

Après avoir donné des lois sages, il conquit la Syrie, l'Arabie, la Perse, et la Mésopotamie, et marcha vers Jérusalem, qu'il voulut enlever aux chrétiens.

Renaud de Châtillon avait traité avec le dernier mépris les ambassadeurs que le prince musulman lui avait envoyés pour demander quelques prisonniers : Saladin jura de venger cette injure, et livra bataille aux chrétiens en 1187, auprès de Tibériade, avec une armée de cinquante mille hommes. Il eut la gloire de vaincre, et de faire plusieurs illustres prisonniers, parmi lesquels *Guy de Lusignan*, roi de Jérusalem. Le monarque captif, qui ne s'attendait qu'à la mort, fut étonné d'être traité par Saladin comme aujourd'hui les prisonniers de guerre le sont par les généraux les plus humains. Le vainqueur lui présenta une coupe de liqueur rafraîchie dans la neige. Le roi, après avoir bu, voulut donner sa coupe à Renaud de Châtillon ; mais Saladin avait juré de le punir, et, montrant qu'il savait se venger, comme pardonner, il lui abattit la tête d'un coup de sabre. Saladin marcha quelques jours après vers Jérusalem, qui se rendit par capitulation, le 2 octobre de la même année. Sa générosité y éclata de diverses manières : il permit à la femme

de Lusignan de se retirer où elle voudrait ;
il n'exigea aucune rançon des gens qui
demeuraient dans la ville. Lorsqu'il fit son
entrée dans Jérusalem , plusieurs femmes
vinrent se jeter à ses pieds, en lui demandant les unes leurs maris , les autres
leurs enfants où leurs pères , qui étaient dans
les fers. Il les rendit avec une générosité
qui n'avait pas encore eu d'exemple dans
cette partie du monde.

Comme la religion était le prétexte de
toutes ces guerres, Saladin montra un
peu de cette dure intolérance qui carac-
térisait les chrétiens : il condamna ceux
de cette religion qu'il avait entre les
mains à laver eux-mêmes, avec de l'eau
rose , la mosquée qui avait été changée
en église. Il y plaça une chaire magnifique, à laquelle *Noradin*, soudan d'Alep,
avait travaillé lui-même , et fit graver sur
la porte : *Le roi Saladin , serviteur de
Dieu , mit cette inscription après que
Dieu eut pris Jérusalem par ses mains.*
Il établit ensuite des écoles musulmanes.
Malgré son attachement au mahométisme,
il rendit aux chrétiens l'église du Saint-

Sépulcre , à la seule condition que les pélerins y viendraient sans armes, et en payant un certain droit. Les chrétiens d'alors n'eussent certainement pas montré à l'égard des musulmans cette modération ni cette tolérance : leur zèle, aussi furieux qu'aveugle, leur eût fait croire qu'une pareille permission était un sacrilége devant Dieu.

Il déchargea plusieurs milliers de pauvres de la taxe portée par la capitulation, fournit de ses trésors aux besoins des malades, et paya à ses troupes la rançon de touts les soldats chrétiens.

Cependant le bruit de ses victoires avait répandu l'épouvante en Europe. Le pape Clément III remua la France, l'Angleterre, l'Allemagne, pour armer contre lui. Les chrétiens qui s'étaient retirés à Tyr, ayant reçu de grands secours, allèrent assiéger la ville de Saint-Jean-d'Acre, battirent les musulmans, et s'emparèrent de cette ville, de Césarée, et de Jaffa, à la vue de Saladin, en 1191. Ils se disposaient à mettre le siége devant Jérusalem ; mais la dissension s'étant mise entr'eux, Richard,

roi d'Angleterre, fut contraint de conclu-
re une trève de trois ans et trois mois avec
le sultan, en 1192, par laquelle Saladin
laissa jouir les chrétiens des côtes de la
mer, depuis Tyr jusqu'à Joppé. Le sultan ne survécut pas long-temps à ce traité,
étant mort un an après, en 1193, à Da-
mas, âgé de 57 ans, après en avoir régné
24 en Egypte, et environ 19 en Syrie.

Ce prince était encore plus admirable
par sa probité et par son humanité, que
par sa bravoure. Il tenait lui-même son
divan tous les jeudis, assisté de ses cadis,
soit à la ville, soit à l'armée. Les autres
jours de la semaine il recevait les placets,
les mémoires, les requêtes, et jugeait les
affaires pressées. Toutes les personnes, sans
distinction de rang, d'âge, de pays, de religion, trouvaient un libre accès auprès
de lui. Son neveu, *Teki-Eddin*, ayant
été cité en jugement par un particulier,
il le força de comparaître. Un certain
Omar, marchand d'Ackhlat, ville indé-
pendante de Saladin, eut même la hardiesse de présenter une requête contre ce
monarque, devant le cadi de Jérusalem,

à l'occasion d'une esclave dont il récla-
mait la succession que le sultan avait re-
cueillie. Le juge étonné, avertit Saladin
des prétentions de cet homme, et lui demanda ce qu'on devait faire : *Ce qui est
juste,* répondit le sultan. Il comparut au
jour nommé, défendit lui-même sa cause,
la gagna, et loin de punir la témérité de
ce marchand, il lui fit donner une grosse
somme d'argent, le récompensant d'avoir
eu assez bonne opinion de son intégrité
pour oser réclamer sa justice devant son
propre tribunal, et sans craindre qu'elle y
fût violée. Ses sujets connaissaient sa bonté, et ils ne craignaient pas de l'importu-
ner, à toutes les heures, de leurs querelles
particulières. Un jour ce prince, après
avoir travaillé tout le matin avec ses émirs
et son ministre, s'était écarté de la foule
pour prendre quelque repos : un esclave
vint dans cet instant lui demander audience. Saladin lui dit de revenir le lendemain. *Mon affaire,* répondit l'esclave,
ne souffre aucun délai, et il lui jeta
son mémoire presque au visage. Le sultan
ramassa ce papier sans s'émouvoir, le lut,

trouva la demande équitable, et accorda ce qu'on sollicitait.

La modération de ce prince a fourni à l'histoire un de ces petits faits que Plutarque n'aurait pas négligé de recueillir. Deux mamelucks se disputant à quelques pas de lui, l'un d'eux jeta sa pantoufle contre l'autre : celui-ci ayant esquivé le coup, la pantoufle alla frapper le sultan; mais ce prince, feignant de ne s'en être pas aperçu, se tourna d'un autre côté, comme pour parler à un de ses généraux, afin de n'être pas forcé de punir l'auteur de cette action.

Ce prince philosophe avait une idée juste des grandeurs humaines : il voulut qu'on portât dans sa dernière maladie, au lieu du drapeau qu'on élevait devant sa porte, le drap qui devait l'ensevelir. Celui qui tenait cet étendard de la mort, criait à haute voix : *voilà tout ce que Saladin, vainqueur de l'Orient, emporte de ses conquêtes.* Par son testament, il laissa des distributions égales d'aumônes aux pauvres mahométans, juifs et chrétiens; voulant donner à entendre, par cette disposition, que tous les hommes sont frè-

res, et que, pour les secourir, il ne faut pas
s'informer de ce qu'ils croient, mais de ce
qu'ils souffrent.

SÉLÉUCUS.

Antiochus, fils de Séléucus, roi de
Syrie, tomba dans une maladie de langueur dont les médecins ne pouvaient découvrir la cause, qui, par cette raison,
paraissait sans remède, et ne laissait aucune espérance. On peut juger de l'inquiétude et de la douleur d'un père qui se
voyait près de perdre un fils dans la fleur
de son âge, qu'il destinait pour son successeur dans ses vastes états, et qui faisait
la douceur de sa vie. Erasistrate, l'un des
médecins, plus attentif et plus habile que
les autres, ayant examiné avec soin et
suivi de près tous les symptômes de la maladie du jeune prince, crut enfin, par
tout ce qu'il avait remarqué, être venu à
bout d'en découvrir la vraie cause. Il jugea
que son mal n'était qu'un effet de l'amour,
et ne se trompa pas : mais il n'était pas

si aisé de découvrir l'objet qui causait une passion d'autant plus violente qu'elle était secrète. Pour s'en assurer, il passait les journées entières dans la chambre du malade, et quand il y entrait quelque dame, il observait attentivement ce qui se passait sur le visage du prince. Il remarqua que, par rapport à toutes les autres, il était toujours dans une situation égale ; mais que toutes les fois que Stratonice, l'épouse du roi son père, entrait chez lui, seule, ou avec son époux, le jeune prince ne manquait pas de tomber dans tous les **ac**-cidents qui désignent une passion extrême : extinction de voix, rougeur enflammée, nuage confus répandu sur ses yeux, sueur froide, grande inégalité et désordre sensible dans le pouls, et d'autres symptô-mes pareils. Quand le médecin se trouva seul avec son malade, il sut, par des in-terrogations adroites, tourner si bien son esprit, qu'il tira de lui son secret. An-tiochus avoua qu'il aimait la reine Stra-tonice, sa belle-mère ; qu'il avait fait tous ses efforts pour vaincre sa passion, mais toujours inutilement ; qu'il s'était dit cent fois tout ce qu'on pouvait lui représenter dans une telle conjoncture ; le respect pour un père et un roi dont il était tendrement aimé ; la honte d'une passion illicite, et contraire à toutes les règles de la bienséance et de l'honnêteté ; la folie d'un dessein qu'il ne pouvait et ne devait jamais vouloir satisfaire : mais que sa raison égarée, et occupée d'un seul objet, n'écoutait rien ; que pour se punir d'un desir, involontaire en un sens, mais toujours criminel, il avait résolu de se laisser mourir peu à peu, en négligeant le soin de son corps, et en s'abstenant de prendre de la nourriture.

C'était beaucoup que d'avoir pénétré la cause du mal ; mais le plus difficile restait à faire, qui était d'y apporter le remède : comment faire une telle proposition à un père et à un roi ? La première fois que Séléucus demanda comment se portait son fils, Erasistrate lui répondit que son mal était sans remède, parce qu'il naissait d'une passion secrète qui n'en avait point, aimant une femme qu'il ne pouvait avoir. Le père, surpris et affligé de cette réponse, demanda pourquoi il ne pouvait avoir la femme qu'il aimait ? *Parce que,* dit le médecin, *c'est la mienne, et que je ne la lui donnerai pas.* — *Vous ne la cèderez pas,* répondit le prince, *pour sauver la vie à un fils que j'aime si tendrement ! Est-ce là l'amitié que vous avez pour moi ?* — *Seigneur,* reprit le médecin, *mettez-vous vous-même en ma place ; lui cèderiez-vous Stratonice ? Et si vous, qui êtes père, ne consentiriez pas à le faire pour un fils qui vous est si cher, comment pouvez-vous croire qu'un autre le fasse ?* — *Ah ! plût aux dieux,* s'écria Séléucus, *que la guérison de mon fils ne dépendît que de mon consentement ! Je lui cèderais de tout mon cœur, et Stratonice, et mon empire même.* — *Eh bien,* dit Erasistrate, *le remède est en vos mains ; c'est Stratonice qu'il aime.* Le père n'hésita pas un instant ; il obtint sans peine le consentement de son épouse, et ils furent couronnés roi et reine de la Haute-Asie.

STANISLAS Ier,

Roi de Pologne.

STANISLAS avait coutume de dire qu'une seule vertu vaut mieux qu'un siècle d'aïeux. Ce serait mal répondre à un sentiment si sublime que de s'occuper à prouver l'ancienneté de sa maison. Ce grand prince ne se rappelait la gloire de ses ancêtres que pour s'exciter à l'héroïsme. Son éducation fut pleine et laborieuse : convaincu, par les événements pénibles de sa vie, que l'on change plutôt ses desirs que l'ordre des choses, il n'enchaîna jamais son bonheur à la fortune, et l'attendit du plaisir seul de faire du bien. Rendre les hommes heureux était le principe de toutes ses actions. Sa valeur, sa magnanimité, son économie même, découlaient d'une source si pure. Combien d'établissements utiles, d'édifices superbes, d'embellissements de toute espèce, créés de ses propres deniers, pour la gloire et l'avantage de la Lorraine,

Doux, affable, compatissant, il s'entrete-
nait avec ses sujets comme avec ses égaux ;
il partageait leurs peines, et les soulageait
en père tendre. Son peuple ne l'appelait pas
autrement que *Stanislas le bienfaisant;*
titre qui ne peut être comparé qu'à celui
de *bien-aimé*. Ce prince, après nous avoir
instruits pendant sa vie par l'exemple de
toutes les vertus, nous éclaire encore après
sa mort dans les écrits qu'il a laissés, et qui
ont été rassemblés en quatre volumes *in*-8°
et *in*-12, sous le titre d'*Œuvres du philosophe bienfaisant*. Cet ami des hommes avait une physionomie des plus heu-
reuses, et qui annonçait toute la candeur
de son ame. Il protégea les sciences et les
arts, qu'il cultiva lui-même avec succès. S'il
n'avait été qu'un simple particulier, on le
louerait ici de ses talents pour la mécanique.

Stanislas eut le rare avantage de trouver,
dans un père tendre, un ami éclairé qui
se rendit le compagnon d'études de son
fils, pour l'aider plus facilement dans sa
marche. Le jeune Stanislas paya ces soins
paternels par les progrès les plus rapides
dans les sciences et dans les vertus. Dès

l'âge de dix-neuf ans, il disputa dans les diètes avec la plus mâle éloquence les intérêts de la Pologne. « Stanilas Lec-« zinski, écrivait alors l'évêque de War-« mie, est regardé parmi nous comme « l'honneur de notre patrie. On pourrait « l'appeler les délices du genre humain. « Une heureuse facilité de mœurs qui « éclate dans ses discours et dans ses ma-« nières, lui soumet généralement tous « les cœurs. Je ne doute point qu'il ne soit « né pour la gloire de son siècle, du moins « est-il dès à présent, la joie de sa nation. « Sa naissance, toute distinguée qu'elle est, « n'est point au-dessus de ses vertus, et ses « vertus sont infiniment au-dessus de son « âge. Dans la première fleur de sa jeunesse, « on voit éclore les fruits d'un âge avan-« cé; et pour tout dire, en un mot, tout « est grand en lui, son caractère, son gé-« nie, ses sentiments, et jusqu'à l'espoir « qu'il donne à nos peuples des avantages « qu'il peut leur procurer. »

Élevé sur le trône de Pologne, la ba-taille de Pultawa l'en fit descendre. Ne pouvant plus se flatter de jouir d'une paix

qui lui laissât les moyens de rendre son peuple heureux, il ambitionna la seule gloire
qui lui restait, celle de sacrifier une couronne à sa patrie. Élu roi une seconde fois,
il fallut encore céder aux forces réunies de
Charles **VI**, et de l'impératrice de Russie.
« Nos malheurs, écrivait le plus tendre
« des pères, à la plus vertueuse des filles,
« Marie, reine de France, depuis 1725;
« nos malheurs ne sont grands qu'aux yeux
« de la prévention, qui n'en connaît point
« au-dessus de la perte d'une couronne;
« dois-je avancer la main pour la repren-
« dre? Non; il vaut mieux attendre les
« vues de la providence, et nous convain-
« cre du néant, et du vide des choses
« d'ici-bas. »

La guerre le priva de la couronne; la
paix lui conserva le titre de roi, et le mit
en possession des duchés de Lorraine et
de Bar, reversible après sa mort à la couronne de France.

Stanislas succédait dans la Lorraine à
des princes chéris, qu'elle regrettait tous
les jours. Le roi de Pologne arriva, et ces
peuples retrouvèrent en lui, leurs anciens

maîtres. Il goûta pour lors le plaisir qu'il avait si long-temps desiré de faire des heureux. Il aurait cru, comme Titus, perdre un jour, s'il ne l'avait pas signalé par quelque bienfait; mais ce prince éclairé savait que la bienfaisance du souverain doit toujours avoir le grand nombre pour objet, et qu'une grâce que la faveur seule accorde à un particulier, est une injustice faite au peuple. Il a fondé des colléges, bâti des hôpitaux, formé des dots, pour de pauvres filles; il a embelli les villes de Nancy et de Lunéville, de places, de fontaines, d'édifices publics, qui ne contribuent pas moins à l'ornement de ces villes, qu'à la commodité de leurs hibitants.

Les revenus de Stanislas étaient modiques; cependant lorsqu'on voulait apprécier ce que ce bon prince faisait, on le croyait le plus riche potentat de l'Europe.

Ce sage Nestor des rois a prouvé, par son exemple, que non seulement les sciences et la vraie philosophie rendent immortels les monarques qui les cultivent, mais encore qu'il n'est pas moins digne d'eux d'instruire l'univers par leurs écrits, que de rendre leurs peuples heureux par leurs bien-faits.

En publiant aujourd'hui L'ESPRIT DE STANISLAS *le bienfaisant*, nous pensons donner son portrait, d'autant plus au naturel, que c'est son ame elle-même qui s'est peinte dans ses ouvrages. Qu'ajouterions-nous à des traits si beaux, et qui sont eux-mêmes l'éloge le plus délicat et le plus éloquent de ce grand roi?

L'ESPRIT DE STANISLAS.

DE LA BIENFAISANCE.

Quel plaisir plus sensible que de faire des heureux ! Est-il rien qui flatte autant que de procurer à des malheureux des grâces et des secours qu'ils ne peuvent recevoir que de leurs semblables, à qui Dieu en a confié le soin ? Coopérateurs de ses bontés, on entre dans ses fonctions, et l'on s'élève au-dessus de l'humanité.

Un homme ne se suffit pas à lui-même, pour être heureux ; et il ne peut l'être réellement, qu'autant que son bonheur peut se répandre sur les autres. Ainsi tous les héros, ainsi tous les grands hommes, quels qu'ils soient, ne peuvent goûter un bonheur plus véritable, que celui qu'ils doivent procurer au reste des humains. La nature elle-même nous apprend qu'on ne peut être heureux que par le bonheur d'autrui.

Quel cœur assez barbare pourrait ne point avoir de plaisir à soulager les peines des malheureux ? Il n'en est point des biens qu'on leur fait, comme des grains qu'on jette dans la terre, et qui doivent être long-temps à s'y pourrir, au hasard même de ne jamais se reproduire. En semant les biens, on les recueille; et, si j'osais m'exprimer ainsi, le seul desir de les répandre, est presque déjà le temps de la moisson. Les bienfaits sont le seul trésor qui s'accroît, à mesure qu'on le partage.

Le seul inconvénient, en faisant des heureux, est de faire des ingrats; mais l'ingratitude a-t-elle le pouvoir de diminuer le prix des bienfaits? Et ne sert-elle pas plutôt à les faire éclater avec plus de gloire? Un cœur noble, et bien fait doit-il attacher la récompense de ses actions à des sentimens dont il n'est pas le maître, plutôt qu'à la satisfaction intérieure qu'il en ressent? S'il doit oublier les plaisirs qu'il a faits, peut-il s'apercevoir de la reconnaissance qu'il mérite? Ne sait-il pas que le moyen de l'obtenir, c'est de n'en point exiger, et que la prétendre comme un devoir, c'est la révolter et l'autoriser, en quelque sorte, à s'éteindre?

On peut dire qu'on n'a fait que vendre ou prêter ses bienfaits, dès qu'on ne s'en trouve pas payé par le seul plaisir de les faire. Peu de gens ont le courage de faire des ingrats.

Les bienfaits intéressés sont si communs, qu'il ne faut pas s'étonner si l'ingratitude n'est pas rare.

On avilit le desir de bien faire, par le desir de paraître avoir bien fait.

Une belle ame doit être plus sensible aux bienfaits qu'aux outrages.

Gardons-nous de remplir froidement les devoirs de l'humanité et de l'amitié pour le pro-
chain ; ce serait ne s'en point acquitter. Ce que l'on
fait à regret, il est rare qu'on ne le fasse mal.

DES ROIS.

Qu'un roi sage qui connaît ses devoirs, qui
les aime et les pratique, qui, par sa bonté et son
humanité, s'attire tous les jours des hommages
que sa dignité même n'est pas en droit d'exiger ;
qu'un roi, l'ami des hommes, et l'homme de ses
sujets, ne goûte ni ne puisse goûter un bonheur
pur et solide ; c'est ce qui doit surprendre, et qui
est pourtant vrai en effet. Il ne voit autour de
lui que des gens faux et intéressés, à qui ses vertus
déplaisent, lors même qu'ils affectent le plus de
les louer ; que des cœurs bas dans leurs besoins,
fiers et hautains dans la faveur, ingrats quand
ils n'ont plus rien à prétendre ; que des hommes
enfin, qui toujours divisés de passions et d'intérêts, et toujours se heurtant les uns les autres,
ne se réunissent que pour altérer ses sentimens,
affaiblir son pouvoir, et, sous les dehors d'une
soumission apprêtée, gagner sa confiance et la
trahir. Malgré ses talens, ses bonnes intentions,
sa probité même, les méchans lui supposent des
vices, les honnêtes gens des défauts, les cou-

pables de la dureté, les innocens trop d'indulgence.

Il n'est pour les souverains de contentement véritable et solide, que celui que leur donne une réciprocité de tendresse , toujours constamment établie entr'eux et leurs sujets: Heureux donc le souverain qui, pour s'attirer l'amour de ses peuples, ne néglige rien de tout ce qui peut le lui mériter !

Conquérir des cœurs, c'est régner sur eux; et ce règne n'est-il pas préférable à celui qui ne se soutient que par la force et la puissance ; puisque la puissance et la force ne se maintiennent plus sûrement elles-mêmes, que par l'amour des peuples qui sont obligés d'obéir ?

.....Un roi ne doit s'étudier qu'à rendre ses sujets bons et heureux....

La liberté d'un souverain n'est pas différente de celle de ses peuples : il ne lui est pas permis de vouloir tout ce qu'il peut ; il est obligé, comme eux , de ne vouloir que ce qu'il doit : dans cette disposition , il n'a rien à craindre de ses sujets , et ses sujets l'aiment plus qu'ils ne le craignent. Exempt de toute inquiétude , il vient au milieu d'eux avec confiance : tout le bonheur qu'on ressent dans l'état , on le lui attribue...... Persuadé que ce qui règle son pouvoir, l'affermit, il ne pense jamais à l'étendre.

Il ne suffit pas à un souverain de remédier aux abus de son siècle ; il doit préparer des remèdes aux maux à venir. Ce n'est point pour le seul temps de sa vie, que la destinée de ses états lui est confiée : il doit, par ses lois et ses exemples, régner même après sa mort.

Un souverain ne saurait rien faire de plus utile, que d'inspirer à sa nation une grande idée d'elle-même. Il faut qu'un peuple s'attache à sa patrie, même par orgueil.

L'homme de génie ne saurait gouverner un état sans fermeté ; et c'est précisément cette fermeté, qui fait le malheur d'un état gouverné par un homme sans génie.

Un prince peut bien, par bonté, se dessaisir de sa puissance ; mais il doit se hâter de la reprendre au moindre soupçon qu'on peut en abuser.....

Qu'un prince est heureux, quand il peut se reposer de l'administration de ses finances sur un homme aussi sage qu'éclairé, aussi désintéressé que fidèle ! Un intendant honnête-homme est un trésor plus précieux que ne le sont tous les trésors qu'on lui confie......

Du Bonheur.

......C'est en vain qu'on le chercherait en nous : il est dans les mains de nos semblables ; c'est d'eux qu'il nous le faut attendre. Nous ne pouvons

faire autre chose que le mériter ; mais quel
autre moyen de le mériter, que par des préve-
nances sans bassesse , par des politesses sans
fausseté , par des égards sans contrainte, par
autant de marques d'estime que nous desirons
en recevoir ? C'est donc aimer véritablement ,
que d'aimer les hommes, les seuls appréciateurs
de nos talens et de nos vertus, les seuls dont les
suffrages récompensent et soutiennent le mérite,
les seuls auteurs du bonheur qui nous flatte
davantage , et que nous ambitionnons le plus.

Les plaisirs de l'ame, que si peu de gens
recherchent , quoiqu'ils ne puissent en ignorer
le prix, sont infiniment plus piquants et plus
sensibles, que les plaisirs des sens. Ils ne dé-
pendent que de nous-mêmes, parce qu'ils ne
tiennent à rien de ce qui nous est étranger ;
ils sont purs , parce qu'ils sont sans mélange ;
toujours les mêmes , parce que la crainte ne
peut les corrompre, et que le dégoût ne les
suit point ; toujours durables , parce qu'un âge
ne désabuse point de ceux qu'on a goûtés dans
un autre âge. Les plaisirs sont ceux que l'on trouve
dans l'amitié, dans la compassion , dans l'humanité, dans la reconnaissance, dans la fuite
même des autres plaisirs, dans la probité , dans
la pratique des vertus morales. En est-il aucune
dont l'idée puisse se réveiller dans un cœur,
sans le séduire ? Elles ont chacune une beauté
naturelle qui les rend chères à tout le monde,

et qui, indépendamment de tout précepte et de toute éducation, les rend agréables, et captive l'affection des ames les plus massives et les plus grossières. Toute la société y trouve son intérêt; et chaque homme y trouve le sien propre.

Quelque grand que soit un bonheur, il en est un plus grand encore; c'est celui d'être estimé digne du bonheur dont on jouit....

DE LA CONSCIENCE.

Si l'on eût fait des lois pour récompenser les bonnes actions, comme on en a établi pour punir les crimes, sans doute le nombre des vertueux serait plus augmenté, par l'attrait d'un avantage promis, que le nombre des méchants ne peut être diminué par la rigueur des châtiments qu'on leur destine; et voilà précisément, si l'on y fait réflexion, ce qui se trouve au tribunal de la conscience. Les pervers y sont punis, par de cruels reproches, des crimes même les plus cachés; les bons y reçoivent le salaire de leurs vertus les plus secrètes, non seulement par l'exemption de tous remords, mais par des témoignages flatteurs que l'envie ne peut corrompre; par un charme intérieur, plus aisé à sentir qu'a décrire; par un retour imprévu d'une belle ame sur elle-même, qui, lors même qu'elle veut s'ignorer, se devine et se plaît à jouir d'elle-même, sans autre dessein que de s'exciter davan-

tage à la pratique de ses devoirs. Ce contentement si délicieux n'est point une illusion de l'a-
mour-propre, que la vertu ne connaît point.
Tout ce qu'elle pense, est aussi vrai, aussi juste,
aussi honnête qu'elle-même.

Il est dans le monde un tribunal plus redou-
table qu'aucun de ceux qu'une sage police a établis. Différent de ceux-là, il est invincible ; il
n'a ni haches ni faisceaux ; il est partout, et le
même dans toutes les nations : chaque homme a
droit d'y opiner ; l'esclave y juge son maître, le
sujet son souverain ; les honnêtes gens le composent et le craignent ; il n'y a que les scélérats
les plus déterminés, qui ne tiennent point compte de ses arrêts.

DE LA SOCIÉTÉ.

Destinés à vivre en société, je veux dire, à
mettre en commun nos forces et nos talents ; réduits à emprunter les secours qui nous manquent ;
obligés, pour notre propre intérêt, à rendre ceux
que nous avons reçus ; créatures, en un mot,
nécessairement dépendantes les unes des autres,
il nous faut des sentiments qui nous lient ; et ces
sentiments que la nature ordonne, la bonne éducation les fait éclore, les épure et les nourrit.

Nous vivons ici-bas, si je puis parler ainsi, de
deux sortes de vies. L'une nous est commune avec
les animaux ; elle n'est qu'une simple végétation ;

elle recommence chaque jour, elle nous fait durer quelques années; nous la conservons sans mérite, et nous devrions avoir aussi peu de regret à la perdre, que nous en avons eu à la recevoir. Il est une autre vie plus essentielle à l'homme; c'est celle qui le fait paraître avec éclat sur la scène du monde, ou qui l'y rend du moins agréable, par une humeur douce et bienfaisante, par une probité scrupuleuse, par une application constante à tous les devoirs de la société. Cet homme vit dans l'estime des autres; et cette vie, par les avantages qu'il en retire, lui est plus précieuse que celle qui le fait simplement exister, et par laquelle il ne serait, tout au plus, qu'un être destiné à consumer les fruits de la terre; un automate qui respire, et qui, toujours inutile, serait comme enterré, avant de mourir.

DES GRANDS.

Que sont les grands aux yeux de la raison même la moins sévère? Ils ne diffèrent des autres hommes, que par la base qui les élève; et cette base ne tenant point à leur être, elle ne les rend ni plus sages ni plus heureux.

Rien n'est grand, ici-bas, que par comparaison : c'est toujours le malheur d'une portion des hommes, qui rehausse et fait éclater le bonheur de l'autre. Nous ne paraissons riches, puissans, respectables, que par l'indigence, la faiblesse, l'avilissement du paysan. Nous lui devons, pour ainsi dire, toute notre grandeur ; et nous ne serions presque rien, s'il n'était au-dessous de ce que nous sommes.

Je voudrais qu'il y eût moins de distance entre le peuple et les grands. Le peuple ne croirait pas les grands plus grands qu'ils ne sont, et il les craindrait moins ; et les grands ne s'imagineraient pas le peuple plus petit et plus misérable qu'il ne l'est, et ils le craindraient davantage.

DE LA POLITIQUE.

La finesse avilit la politique, comme l'hypocrisie dégrade la dévotion. L'une et l'autre ne peuvent suppléer à ce qu'elles voudraient contrefaire.

La vraie politique doit être fondée sur l'équité la plus scrupuleuse, sur l'intégrité la plus exacte, sur une assurance réciproque de protection et de service, sur un enchaînement inaltérable de secours mutuels entre les princes et les sujets. Non seulement le devoir, mais l'intérêt particulier des uns et des autres l'exige, et le bonheur commun en dépend.... Si cette harmonie, qui, dans l'ordre moral, a des lois aussi immuables que celles du monde physique, venait à être détruite, le gouvernement monarchique dégénèrerait en commandement arbitraire, et l'obéissance se tournerait en servitude.

Malgré les lois les plus sages, l'instabilité est le propre des états : c'est pour eux, comme pour toutes les choses d'ici-bas, durer beaucoup, que de changer peu. Rien ne peut les garantir des outrages du temps; ou, s'il en est des moyens, la Providence se les réserve, et nous les cache.

Tout état est composé de la partie qui gouverne, et de celle qui est gouvernée. L'objet de la politique est de maintenir un parfait accord entre ces deux parties, pour que la première, n'abusant point de son autorité, n'opprime pas la seconde, et pour que l'obéissance de cette dernière, conforme aux lois, produise le bien général de la société.

Je compare le bien public à un enfant chéri, qu'on ne doit jamais perdre de vue, si l'on ne veut l'exposer à toutes sortes d'accidents.

De tous les maux qui peuvent arriver à une nation, il n'en est point auxquels l'attention à les prévoir, ne puisse servir de remède. Presque tous désespérés dès leurs commencements, ils ne cèdent qu'aux précautions qui les préviennent; mais il faut de la pénétration et une espéce d'adresse pour les pressentir; car il en est de ces maux, selon un fameux politique, comme des maladies de langueur et de consomption, d'abord aisées à guérir et difficiles à connaître, et, dans leurs progrès, fort aisées à connaître et très difficiles à guérir. Il n'est pas douteux qu'une prudente sagacité, qui voit de loin les malheurs de l'état, ne puisse aisément les empêcher d'éclore ; mais du moment que, n'ayant point été aperçus, ils viennent à éclater, et qu'on n'en peut démêler la cause et la nature, il n'est presque plus possible d'en arrêter le cours.

Il en est des monarchies comme de ces machines dont la simplicité fait la perfection. Plus de ressorts et de mouvements paraîtraient leur donner plus de jeu, et ne serviraient qu'à en diminuer la justesse et la force.

DES EMPLOIS.

.........Nous n'avons que trop souvent éprouvé que ceux qui ne tiennent leurs emplois que de la faveur de la cour, lui sacrifient lâchement les intérêts de la nation : ils cessent d'être citoyens, pour devenir les instruments de la tyrannie.

Le bon sens, la religion, la politique, tout nous engage à ménager le peuple. Sans cela, quelque ordre que l'on puisse mettre dans un état, il sera semblable à cette statue de Nabuchodonosor, qui, quoique faite des plus précieux et des plus solides métaux, fut renversée en un moment, parce que sa base n'était que d'argile. *Le fondement d'un état, c'est le peuple :* si ce fondement n'est que de terre et de boue, l'état ne peut durer long-temps. Travaillons donc à renfoncer cet appui ; sa force sera notre soutien, son indépendance notre sûreté ; et il nous étaiera d'autant plus, qu'il croirait périr avec nous, s'il n'avait à cœur nos intérêts et la gloire de la patrie........

THÉODOSE LE GRAND,

Empereur.

Le diadème, qu'il n'avait pas desiré, n'altéra rien dans son caractère : aussi chaste, aussi humain qu'il l'avait été dans sa vie privée, il ne se permettait que ce que les lois lui avaient toujours permis. Sensible à l'amitié, ami des hommes vertueux, fidèle dans ses promesses, *libéral* et donnant avec grandeur, communicatif, et d'un accès facile, il ne voyait dans la souveraineté que le pouvoir d'étendre ses bienfaits. Son extérieur noble et majestueux lui attirait le respect ; sa bonté inspirait la confiance : prudent et circonspect dans le choix des magistrats, il eut, en parvenant à l'empire, le singulier bonheur d'en trouver en place un grand nombre, tels qu'il les aurait choisis. Il n'était pas savant, mais il avait un goût exquis pour les belles-lettres ; il aimait les savants, pourvu que l'usage qu'ils faisaient de leurs talents n'eût rien de dangereux ; il s'instruisait avec soin de l'histoire de ses prédécesseurs, et ne cessait de témoigner l'horreur que lui inspirait l'orgueil, la tyrannie, et surtout la perfidie et l'ingratitude. Les actions lâches et indignes excitaient subitement sa colère, mais il s'adoucissait aisément ; il savait parler à chacun, suivant son rang, sa qualité et sa profession. Ses discours avaient en même temps de la grâce et de la dignité ; il pratiquait les exercices du corps, sans se livrer trop au plaisir, et sans se fatiguer ; il aimait surtout la promenade ; mais le soin des affaires précédait toujours le délassement. il n'employait d'autre régime, pour conserver sa santé, qu'une vie sobre et frugale ; ce qui ne l'empêchait pas de donner, dans l'occasion, des repas où l'élégance et la gaieté brillaient plus que la dépense. Il diminua dès le commencement celle de sa table, et son exemple tint lieu d'une loi somptuaire ; mais il conserva toujours dans sa maison cet air de grandeur qui convient à un prince puissant.

THÉODOSE mérita le surnom de GRAND par ses victoires sur les Goths, les Alains, sur l'usurpateur Maxime, et par son zèle pour la foi catholique. Dans les trois premières années de son règne, il ne condamna personne à mort ; il ne fit usage de son pouvoir que pour rappeler les exilés, relever par ses libéralités les familles ruinées, faire grâce aux coupables dont les crimes pouvaient être pardonnés. Il avait porté une loi qui prescrivait aux magistrats de visiter les prisons à l'approche des fêtes de Pâques, et de délivrer les prisonniers qui ne se seraient pas rendus coupables des crimes spécifiés par cette loi. Ce fut en publiant cette ordonnance qu'il dit ces belles paroles : *Plût à Dieu qu'il fût en mon pouvoir de ressusciter.*

Il avait établi des juges pour l'examen d'une conspiration qu'on prétendait formée contre sa personne. Comme il les exhortait à procéder avec équité et avec douceur, *Notre premier soin,* dit un des commissaires, *doit être de songer à la conservation du prince.* — *Songez plutôt à sa réputation*, reprit Théodose; *l'essentiel, pour un empereur, n'est par de vivre long-temps, mais de bien vivre.*

Théodose avait donné pour précepteur à Arcadius, son fils aîné, Arsène, diacre de l'église romaine, non moins recommandable par son mérite que par sa naissance. Un jour l'empereur étant entré dans la chambre du prince pour assister à ses études, il le trouva assis, et Arsène debout; il se fâcha contre Arsène de ce qu'il en usait ainsi, lui dit de s'asseoir, et ordonna au jeune prince d'être levé et découvert quand son précepteur lui parlerait, ajoutant qu'il le croirait indigne du trône impérial, s'il ne rendait à chacun ce qui lui est dû.

L'empereur, convaincu malheureusement, par sa propre expérience, que l'innocence n'est que trop souvent la victime des passions ou des erreurs du juge, ordonna, par une loi, que les sentences de mort ou de confiscation n'auraient leur exé-

cution que trente jours après qu'elles auraient été prononcées. Son objet a été de
laisser à la raison le temps de réformer le
jugement par un examen impartial, quand
elle n'aurait pas été consultée. Au reste,
cette loi ne faisait qu'étendre, au jugement
du prince, ce qui se pratiquait à l'égard
des sentences rendues dans les tribunaux.
Le sénat romain, sous le règne de Tibère,
avait ordonné que les sentences de condamnation ne seraient exécutées qu'après
un délai de dix jours. Si quelque sage rè-
glement peut encore faire oublier le crime
de Théodose envers ses sujets de Thessal-
lonique, c'est cette loi par laquelle il défend aux juges de punir les paroles qui
n'attaquaient que sa personne. *Si quelqu'un*, écrivait-il au préfet du prétoire,
*s'échappe jusqu'à diffamer notre nom,
notre gouvernement, notre conduite,
nous ne voulons pas qu'il soit sujet à
la peine ordinaire, portée par les lois,
ou que nos officiers lui fassent souffrir
aucun traitement rigoureux ; car si c'est
par légéreté qu'il a mal parlé de nous,
il faut le mépriser ; si c'est par une*

aveugle folie, il est digne de compas-
sion ; et si c'est par malice, il faut
lui pardonner.

« On renverse tout, a dit le président
« Montesquieu, si l'on fait des paroles
« un crime capital, au lieu de les regar-
« der comme le signe d'un crime ca-
« pital. »

TITE,

Empereur.

Un prince qui croyait avoir perdu sa
journée quand il ne s'était présenté aucune
occasion de faire des heureux, méritait
bien d'être appelé *l'amour et les délices
du genre humain.* La souveraine puissance,
que les monarques ne regardent souvent
que comme un moyen de satisfaire à leurs
passions, semblait avoir réprimé celles de
Tite. Il est en effet bien digne de remarque que ce prince, à qui on pouvait reprocher quelques dérèglements dans les mœurs
avant son élévation au trône, parut
un exemple de toutes les vertus lorsqu'il

fut empereur. Tite respectait ses sujets, et ce sentiment lui a donné assez d'élévation dans l'ame pour l'éloigner de tout ce qui pouvait avilir la majesté du chef de l'empire. Sa générosité, sa douceur, son affabilité, se remarquaient dans son extérieur, comme dans toutes ses actions. Heureux les Romains, si le ciel, pour eux moins sévère, eût accordé de plus longs jours à cet empereur bienfaisant !

Tite succéda à son père Vespasien, mort le 4 juin de l'an 79 de Jésus-Christ. Le premier acte public que l'on vit de lui, fut un acte de bonté ; il confirma les gratifications et les priviléges accordés par les empereurs, ses prédécesseurs : avant lui, il fallait que ceux qui avaient reçu quelques bienfaits, en obtinssent la confirmation du nouveau prince ; ce qui les exposait à bien des difficultés.

Le nouvel empereur prit possession du grand pontificat ; mais, en recevant cette dignité sacrée, il déclara qu'il la regardait comme un engagement à conserver ses mains pures, et à ne les jamais souiller du sang d'aucun citoyen. Tite se ressouvint toujours de cet engagement; et pendant son règne qui, malheureusement fut trop court, il n'ordonna la mort de personne. Deux citoyens d'une naissance illustre, semblaient néanmoins avoir mérité les plus grands supplices; ils avaient conspiré contre leur prince dans l'espérance de s'élever au trône : Tite se contenta de les réunir auprès de sa personne, et après leur avoir parlé moins en juge qu'en père, il leur promit de leur accorder tout ce qu'ils pourraient souhaiter. Comme la mère de l'un était absente de Rome, il dépêcha à cette dame un courrier pour calmer ses inquiétudes, et l'assurer que la vie de son fils ne courait aucuns risques. Pour montrer à ses ennemis qu'il savait oublier les injures, comme les pardonner, il les invita à souper familièrement avec lui. Le lendemain, assistant à un spectacle, il les fit asseoir à ses côtés. Lorsque, selon l'usage, on lui apporta les armes de combattants, il les remit entre les mains de ceux qui venaient de former des desseins contre sa vie.

. Dominitien, son frère, ne cessait de lui tendre des embûches; il excitait les légions à la révolte. L'empereu r ne se vengea de ce frère coupable, qu'en le faisant son collègue dans le consulat.

Sous ce bon prince, il ne suffit plus d'être calomnié pour être traité en criminel. Il regardait avec raison les délateurs comme la peste d'un état, et les chassa de Rome; il ne souffrit point pareillement les accusations odieuses qui, transformant en crimes de lèse-majesté de simples paroles souvent innocentes, avaient été pendant long-temps la terreur des gens de bien. Ce prince, le meilleur des hommes, ne craignait pas même qu'on pût se rendre criminel de lèse - majesté envers lui. *Je ne puis être outragé ni insulté*, disait-il, *car je ne fais rien de condamnable ; et les discours qui n'ont d'autre appui que le mensonge ne me paraissent dignes que de mépris.*

Tite, avant d'être élevé à l'empire, avait conçu l'amour le plus violent pour Bérénice, veuve du roi de Chalcidie: l'esprit, la beauté, les grâces de cette princesse juive, et la noblesse de ses sentiments, justifiaient l'attachement de Tite, qui voulait l'associer à son lit ; mais ce prince, instruit que ce mariage déplairait aux Romains, qui ne connaissaient d'autre noblesse que celle de leur sang, et ne regardaient les rois et les reines que comme des esclaves couronnés, sacrifia son penchant à la raison d'état : il éloigna Bérénice pour toujours. Ce triomphe d'un amant tout puissant, sur lui-même, méritait d'être célébré par le plus tendre de nos poëtes.

Tite, à l'exemple de Vespasien son père, prit un soin particulier de réparer les anciens édifices, ou d'en construire de nouveaux. Il acheva le fameux amphithéâtre commencé par Vespasien, et en fit la dédicace. Cette fête dura cent jours.

Sous le règne de cet empereur, l'empire fut exposé à plusieurs calamités. La plupart des villes de la Campanie furent englouties par des éruptions du mont Vésuve. Rome elle-même fut dévastée par une peste et un incendie. Durant ces malheurs, Tite se montra un prince généreux et tendre : il déclara par une promesse publique que toutes les pertes occasionnées par l'incendie seraient pour son compte; et il refusa les dons que les villes, les rois, et même les particuliers, lui offraient pour diminuer le poids d'une dépense si énorme. *Mes amis,* disait-il un jour où il n'avait point eu d'occasion de faire du bien, *j'ai perdu ma journée. Un sujet,* disait-il encore, *ne doit jamais sortir mécontent de la présence de son prince.* Tite mourut le 13 septembre, l'an 81 de Jésus-Christ, âgé de quarante et un ans, après un règne de deux ans, deux mois et vingt jours.

TITUS-FLAVIUS-VESPASIANUS,

Empereur romain, né l'an 40 de notre ère.

Il est des hommes en qui le devoir de leur place semble élever leur courage; et l'on ne connut toutes les vertus de VESPA- SIEN que lorsqu'il fut empereur : il succé- dait à des princes, ou méchants, ou imbé- ciles, et il devait être bien consolant alors pour les Romains de voir un empereur laborieux, sobre, vigilant, sachant la guerre, aimant la paix, respectant les lois, et les mettant en vigueur; un empereur enfin persuadé que la souveraine puissance ne lui a été remise que pour le bonheur de ses peuples. Vespasien s'occupa, pendant tout le cours de son règne, à remédier aux maux de l'empire, depuis long-temps en proie à des tyrans qui, pour comble de malheur, étaient prodigues jusqu'à la folie. Les finances étaient entièrement dissipées; Vespasien les rétablit par sa grande éco- nomie. Il fit faire des travaux considérables pour les grands chemins sans vexer les

peuples des pays par lesquels ils passaient ;
il répara les dommages que plusieurs villes
avaient soufferts par des tremblements de
terre, ou par des incendies ; il orna la capitale de plusieurs édifices, et étendit ses libéralités sur des citoyens qui étaient dans
l'infortune. Des hommes consulaires, plon-
gés dans la disette par le malheur des temps,
obtinrent de ce prince, pour soutenir leur
rang, une pension annuelle de cinq cent
mille sesterces (soixante-deux mille cinq
cent livres).

Vespasien ne fut pas plus tôt sur le trône,
que des flatteurs s'empressèrent de lui fa-
briquer une généalogie qu'ils faisaient remonter jusques aux fondateurs de Rieti,
sa patrie ; ils lui donnaient pour ancêtre
un compagnon d'Hercule, dont on montrait un monument qui traversait le pays
des Sabins. Vespasien se moqua de ces
généalogistes mercenaires, et ce fut toute
la récompense qu'ils reçurent de leur adulation.

Il était si éloigné de rechercher le faste
et l'éclat extérieur, que le jour qu'il triompha des juifs, fatigué et ennuyé de la cé-

rémonie, il dit ces mots, qui décelaient toute la franchise de son caractère : *Je suis puni comme je le mérite. Il me sied bien, à l'âge où je suis, d'avoir voulu me décorer par le triomphe, comme si cet honneur était dû à mes ancêtres, ou que j'eusse jamais été à portée de l'espérer.*

Le roi des Parthes lui ayant écrit avec cette suscription : *Arsace, roi des rois, à Vespasien.* Au lieu de réprimer c et orgueil, il se contenta de le mépriser, et répondit simplement : *Vespasien, à Arsace, roi des rois.*

Vespasien, dès le commencement de son règne, s'appliqua à rétablir l'ordre parmi les gens de guerre, dont les excès et les rapines désolaient les villes et les provinces. Il eut soin surtout de remédier à la mollesse, l'écueil de la discipline militaire. Un jeune officier qu'il avait nommé récemment à un grade, étant venu l'en remercier tout parfumé, il lui dit d'un ton sévère, *J'aimerais mieux que vous sentissiez l'ail;* et il révoqua les provisions de l'emploi qu'il lui avait donné. Vespasien, naturellement porté à la clémence, ne connut point ces défiances ombrageuses qui amènent l'injustice et la cruauté. Ses amis l'exhortant un jour à éloigner de sa personne Mesius Pomposianus, parce que le bruit courait que son horoscope lui promettait l'empire, il le fit consul, et ajouta en riant : *S'il devient jamais empereur, il se souviendra que je lui ai fait du bien. Je plains*, disait-il quelquefois, *ceux qui conspirent contre moi, et qui voudraient occuper ma place : ce sont des fous, qui aspirent à porter un fardeau très pesant.*

Un Demetrius affectait de blâmer hautement la conduite de Vespasien ; il poussa même l'insolence jusqu'à se présenter devant le prince, sans lui rendre aucun des honneurs dus à son rang. L'empereur se contenta de lui dire : *Tu fais tout ce que tu peux pour que je t'ôte la vie ; mais je ne tue point un chien qui aboie.* Il le relégua dans une île.

Ce prince vivait familièrement avec les sénateurs ; il les invitait à sa table, et allait manger chez eux. Il permettait à ses amis de le railler; et lorsqu'on affichait des plaisanteries sur lui, il en faisait afficher aussi pour y répondre.

On a comparé Vespasien à Auguste. En effet, il fit fleurir à son exemple les arts dans son empire; il distribua des récompenses aux gens de lettres, et aux artistes qui s'étaient distingués dans leur art. Un ingénieur avait imaginé un moyen de transporter à peu de frais, au Capitole, des colonnes d'une grandeur énorme. Vespasien loua l'invention, et accorda une gratification à l'auteur, sans permettre cependant que l'on se servît de ses machines. *Il faut, dit-il, que les pauvres puissent travailler.*

~~~~~~

TRAJAN (Marcus-Ulpius-Crinitus Trajanus),

Empereur romain, né le 18 septembre, l'an 52.

TRAJAN est le prince le plus accompli dont l'histoire ait jamais parlé. Ce fut un bonheur d'être né sous son règne. Il n'y en eut point de si heureux, ni de si glo-
~~~~~~

rieux pour les Romains. Grand homme d'état, grand capitaine, ayant un cœur bon qui le portait au bien, un esprit éclairé qui lui montrait le meilleur; une ame belle, grande, noble; avec toutes les vertus, n'étant extrême sur aucune; et enfin l'homme le plus propre à honorer la nature humaine et à représenter la Divinité.

L'histoire présente des princes que l'on peut comparer à Trajan pour la bonté du cœur, et d'autres qui l'ont peut-être égalé pour le courage, la bravoure et les autres qualités militaires; mais la gloire propre de ce prince est d'avoir réuni les talents et les vertus, et de s'être également rendu digne de l'amour et de l'estime de ses sujets. S'il eut quelques passions, elles furent modérées, et n'influèrent jamais sur les affaires de son gouvernement.

Trajan était encore dans la Germanie, lorsque Nerva, qui l'avait désigné pour son successeur, vint à mourir. Il fut unanimement reconnu empereur par les armées de la Germanie et de la Mœsie. L'année suivante, il fit son entrée à Rome. Quoiqu'il en fût sorti simple particulier, et qu'il y revînt empereur, il semblait qu'il n'était arrivé aucun changement dans sa fortune. Il était à pied, et tout le monde avait la liberté de l'approcher; il saluait ses anciennes connaissances, et prenait plaisir à en être reconnu. Il monta au Capitole au milieu de tout un peuple qui le comblait de bénédictions. Il se rendit ensuite au palais impérial, où il entra comme s'il eût revu sa demeure privée. Il fit mettre sur le frontispice de cet édifice : *Palais public*. On pouvait, en effet, regarder cette demeure comme celle de tous les citoyens. On n'y trouvait nulle porte fermée, nulle difficulté de la part des gardes. Le moindre particulier avait le droit d'aborder le prince et de lui parler. Trajan écoutait tout le monde avec la même attention que s'il n'eût point eu d'autre affaire. Il se prêtait même aux conversations familières de ceux qui n'avaient rien à lui communiquer. Ses amis, car il en avait, tout empereur qu'il était, lui ayant représenté un jour qu'il était trop bon et trop indulgent, *Je veux me comporter,* répondit-il, *avec tout le monde de la même manière que je souhaitais qu'un empereur se comportât envers moi, lorsque je n'étais que simple particulier.*

Le premier soin de Trajan   de rétablir la discipline militaire. Le mérite, sous lui, ne craignit pas, comme sous Domitien, de paraître au grand jour. Afin que ses lieutenants fussent plus respectés, il les honorait lui-même ; il voulait qu'en sa présence ils exerçassent tous leurs droits, et jouissent de toute leur autorité.

Les citoyens en qui il avait reconnu les sentiments les plus nobles et les plus généreux, étaient ceux qui avaient le plus de droit à sa faveur. Il pensait, avec raison, que l'élévation du cœur, qui rend un homme ennemi du despote, l'attache inviolablement à son prince.

Ses vertus lui répondaient de la fidélité de ceux auxquels il avait donné sa confiance, et jamais prince n'ouvrit moins son cœur aux craintes et aux soupçons. Quelques courtisans jaloux du crédit de Sura, le plus cher de ses favoris, l'ac-

cusèrent de tramer des desseins contre la
vie de son prince. Il arriva que, ce jour-là
même, Sura invita l'empereur à souper
chez lui. Trajan y alla, et, en entrant
dans la maison, il renvoya toute sa garde.
Il prit les bains avant de souper, se fit
raser par le barbier de Sura, et se mit à
table à côté de son ami.

Un prince, dit Pline, peut être haï in-
justement de quelques-uns de ses sujets,
sans ressentir lui-même la haine ; mais
s'il n'aime, il ne peut être aimé. Si aucun
prince n'a eu plus d'amis que Trajan, c'est
qu'il recherchait autant le plaisir d'aimer
que d'être aimé. A l'exemple d'Auguste,
il ne manquait pas d'aller visiter ses amis
malades. S'ils célébraient chez eux quelques fêtes domestiques, il venait se ranger
parmi les convives; il prenait souvent place
dans leurs voitures : l'amour de ses sujets
lui tenait lieu de garde, et son mérite per-
sonnel n'avait pas besoin d'être échauffé
par une vaine pompe qui n'en impose qu'aux
yeux. Mais, plein d'affection pour ses amis,
il ne les chérissait que pour eux - mêmes.

Un magistrat qu'il avait mis en place, lui ayant demandé la permission de passer le reste de ses jours à sa campagne, Trajan, qui souhaitait l'avoir auprès de lui, céda néanmoins à ses instances. Il l'accompagna jusqu'au moment qu'il s'embarqua sur mer, et l'embrassa tendrement en se séparant de lui.

Trajan ne se regardait que comme le premier magistrat de l'empire, et se croyait en cette qualité comptable envers ses sujets, qu'il regardait comme ses concitoyens, de l'administration qui lui avait été confiée. La première fois qu'il créa un préteur, il dit, en lui remettant, selon l'usage, une épée entre les mains, ces mots célèbres que tout le monde a retenus : *Recevez de moi cette épée, et servez-vous en pour défendre en moi un prince juste, ou pour punir en moi un tyran.*

Plusieurs héritiers s'étaient inscrits en faux contre un testament, et avaient intenté action à ce sujet contre un certain Euthymus. Lorsque ces héritiers surent que cet Euthymus était un affranchi de Trajan, ils voulurent par respect se désister de leur accusation. L'empereur en fut instruit :

Pourquoi, leur dit-il, *vous désister?
Mon affranchi n'est point Polictète, ni
moi Néron.*

Il rendit les ordonnances les plus sévères contre la troupe infâme des délateurs;
il abolit tous les prétendus crimes de
lèse-majesté. « O temps heureux! s'écrie
« Tacite, en parlant du règne de cet em-
« pereur, où l'on n'obéit qu'aux lois, et
« l'on peut penser librement, et dire li-
« brement ce que l'on pense; où l'on voit
« tous les cœurs voler au devant du prin-
« ce, où sa vue seule est un bienfait! »

Les tribunaux étaient toujours ouverts
à ceux qui croyaient avoir à se plaindre
des agens ou des intendans de l'empereur.
Le fisc, dit Pline, dont la cause n'est jamais mauvaise que sous un bon prince,
perdait souvent. Trajan avait coutume de
dire, *que le fisc est dans l'état ce qu'est
dans le corps humain la rate, qui ne peut
croître sans que les autres membres en
souffrent et tombent dans l'amaigrisse-
ment.* Si cette expression n'est pas conforme à l'expérience, elle fait connaître
du moins les sentimens patriotiques de ce
bon prince.

Trajan rendit à son peuple cette multitude de maisons de plaisance, de palais, de jardins superbes, que l'avidité des premiers Césars avaient envahis. Cet empereur ne se permettait de magnificence que dans les monuments publics. Le plus célèbre est la nouvelle place qu'il bâtit à Rome, et qui porta son nom. Pour en préparer le sol, il fallut couper une colline de cent quarante-quatre pieds de haut. Il l'environna de galeries et de beaux édifices. Il avait ordonné que l'on érigeât au milieu cette colonne magnifique qui subsiste encore, qu'il ne vit jamais, et qui lui fut dédiée par le peuple et le sénat, lorsqu'il était occupé à la guerre contre les Parthes.

Le guerrier n'était pas moins grand en lui que le prince, et peut-être aucun empereur Romain n'a fait des conquêtes aussi difficiles. Trajan mourut au milieu de ses victoires. Ses cendres, enfermées dans une urne d'or, furent portées à Rome, et y entrèrent sur un char triomphal, précédées du sénat, et suivies de l'armée. On les plaça sous la colonne dont nous venons de parler, et ce fut encore une distinction pour

Trajan que d'avoir sa sépulture dans la ville, où jamais personne ne l'avait eue. Ses sujets lui avaient donné le surnom de Très-Bon, *Optimus*, qu'il mérita par toute sa conduite, et qui devrait être le titre spécial de tout prince chargé par le devoir de sa place de représenter la Divinité.

FIN.

TABLE.

15*

FIN DE LA TABLE.